Was ist
mein Zweck?

LEONARDO TAVARES

Was ist
mein Zweck?

WAS IST MEIN ZWECK?

© Copyright 2023 – Leonardo Tavares

Alle Rechte vorbehalten. Kein Teil dieses Buches darf reproduziert, in einem Abrufsystem gespeichert oder in irgendeiner Form – elektronisch, mechanisch, durch Fotokopieren, Aufzeichnen, Scannen oder auf andere Weise – übertragen werden, außer durch kurze Zitate in kritischen Rezensionen oder Artikeln, ohne vorherige schriftliche Genehmigung des Herausgebers.

Unter keinen Umständen kann dem Herausgeber oder Autor eine Schuld oder rechtliche Haftung für Schäden, Entschädigungen oder finanzielle Verluste zugeschrieben werden, die sich aus den in diesem Buch enthaltenen Informationen ergeben, sei es direkt oder indirekt.

Impressum:

Dieses Buch ist urheberrechtlich geschützt. Es ist nur für den persönlichen Gebrauch bestimmt. Ohne die Zustimmung des Autors oder Herausgebers ist es Ihnen nicht gestattet, Teile oder Inhalte dieses Buchs zu verändern, zu verbreiten, zu verkaufen, zu verwenden, zu zitieren oder zu paraphrasieren.

Haftungsausschluss:

Bitte beachten Sie, dass die hierin enthaltenen Informationen ausschließlich Bildungs- und Unterhaltungszwecken dienen. Es wurden alle Anstrengungen unternommen, genaue, aktuelle und zuverlässige Informationen bereitzustellen. Es wird keine Gewährleistung irgendeiner Art angegeben oder impliziert. Die Leser erkennen an, dass der Autor keine rechtliche, finanzielle, medizinische oder andere professionelle Beratung anbietet. Der Inhalt dieses Buches wurde aus verschiedenen Quellen abgeleitet. Konsultieren Sie einen lizenzierten Fachmann, bevor Sie die in diesem Buch beschriebenen Techniken ausprobieren.

Durch die Lektüre dieses Dokuments erklärt sich der Leser damit einverstanden, dass der Autor unter keinen Umständen für direkte oder indirekte Verluste verantwortlich ist, die durch die Verwendung der in diesem Dokument enthaltenen Informationen entstehen, einschließlich, aber nicht beschränkt auf Fehler und Auslassungen oder Ungenauigkeiten.

Alle unsere Bücher durchlaufen umfangreiche Qualitätsprüfungen. Sollten Sie in diesem Buch dennoch Tipp- oder Satzfehler finden, freuen wir uns über einen entsprechenden Hinweis an realleotavares@gmail.com

Dieser Titel kann in großen Mengen für kommerzielle oder pädagogische Zwecke erworben werden. Für weitere Informationen senden Sie bitte eine E-Mail an realleotavares@gmail.com.

Erster Eindruck 2023.

INHALT

Vorwort 9
1. Einleitung 11
   Die Bedeutung der Findung eines Lebenszwecks 12
   Die Vorteile eines Lebens mit Zweck 15

2. **Persönliche Reflexion** 19
   Die Notwendigkeit der Selbstkenntnis, um den Zweck zu entdecken 20
   Identifizierung Ihrer grundlegenden Werte und Überzeugungen 21
   Techniken der Reflexion und Selbstbewertung 22

3. **Erkundung von Interessen und Leidenschaften** 26
   Die komplexe Welt der Interessen 27
   Das glühende Universum der Leidenschaften 30

4. **Fähigkeiten und einzigartige Talente** 35
   Der Schatz ist in dir 36
   Wie Ihre Talente auf Ihren Zweck hinweisen können 42
   Entwicklung von Fähigkeiten zur Ausrichtung mit dem Zweck . 44

5. **Sicht und Lebensziele** 49
   Vision: Dein Schicksal malen 50
   Lebensziele: Die Marker des Fortschritts 52
   Die Rolle des Zwecks bei der Erreichung von Zielen 54
   Visualisierung der Zukunft: Die Kraft der Mentalen Einbildung. 56

6. Wirkung und Beitrag zur Welt 59
Entdecken, wie du einen Unterschied machen kannst 60
Identifizierung von Möglichkeiten zur positiven Beitragsleistung 65
Wie der Zweck mit sozialem und persönlichem Einfluss verbunden ist 68
Andere inspirieren, das Gleiche zu tun 71

7. Überwinden von Hindernissen und Ängsten 74
Verstehen unserer Hindernisse 75
Erkennen unserer tiefliegenden Ängste 77
Umgang mit den Ängsten, die die Entdeckung des Zwecks verhindern können 79
Die Bedeutung von Widerstandsfähigkeit auf dem Weg zum Zweck 83

8. Verbindungen und bedeutende Beziehungen 87
Wie Beziehungen Ihren Zweck beeinflussen können 88
Pflegen von Verbindungen, die Ihre Suche nach Zweck unterstützen 91

9. Leben im Einklang mit deinem Zweck 97
Die Bedeutung des Lebens mit Zweck 98
Integrierung des Zwecks in Ihren täglichen Tagesablauf 100
Entscheidungen im Einklang mit Ihrem Zweck treffen 102
Kreieren einer Umgebung, die Ihren Lebenszweck unterstützt 105
Die Bedeutung der ständigen Neubewertung 108

10. Lernen aus der Adversität 111
Die transformierende Natur der Widrigkeiten 112
Herausforderungen in Chancen zum Wachstum verwandeln 119

11. Feier deinen Zweck 128
Die Bedeutung der Feier deines Zwecks 129
Besondere Möglichkeiten, Ihren Zweck zu feiern 135
Die Flamme am Leben erhalten 145

12. Zweck verbreiten 148
Die Reise über sich selbst hinaus: Ein Aufruf zum kollektiven Einfluss 149
Neue Wege ebnen und zukünftige Generationen inspirieren 151
Die kollektive Auswirkung des Lebens nach unseren individuellen Zwecken 154
Verstärkte Reichweite: Das digitale Zeitalter und die Globalisierung des Zwecks 157

Fazit 163
Über den Autor 165
Literatur 167

VORWORT

Willkommen bei "Was ist mein Zweck?" - eine leidenschaftliche Erkundung des komplexen Labyrinths des Daseins auf dem Weg zur Antwort auf eine Frage, die tief in uns allen nachhallt: Was ist mein Zweck?

Stellen Sie sich an einer Weggabelung vor, unsicher, welchen Weg Sie nehmen sollen. Das ist die Position, in der wir alle irgendwann in unserem Leben stehen. Der Zweck, obwohl er eine individuelle Suche ist, ist eine universelle Unruhe. Es ist die Suche nach dem Stern, der unsere Bahn lenkt, nach der Bedeutung, die unserem Dasein Farbe verleiht.

Dieses Buch lädt Sie zu einer intimen Erkundung ein, zu einer Reise durch Seiten voller Anleitungen und Reflexionen. Hier werden wir die Pfade der Selbstkenntnis beschreiten, Herausforderungen meistern, Triumphe feiern und aus der Widrigkeit lernen. Im Verlauf dieser literarischen Reise werden wir entdecken, dass der Zweck keine statische Antwort ist, sondern eine sich ständig weiterentwickelnde Melodie, eine Sinfonie, die wir mit den Schlägen unseres Herzens komponieren.

Jedes Kapitel ist eine Note in dieser Sinfonie, ein Stück des Puzzles, das unser Leben ist. Wenn wir tiefer gehen, werden wir sehen, dass der Zweck in unser Wesen verwoben ist und darauf wartet, entdeckt und gelebt zu werden. Mit jeder Seite, die wir umblättern, werden wir die zahlreichen Facetten dieser Suche erkunden: die Selbstkenntnis, die Verbindungen zu anderen, die Widerstandsfähigkeit gegenüber Herausforderungen und den Einfluss, den wir auf die Welt haben können.

Die Einladung besteht darin, nachzudenken, nach innen zu schauen und die Antworten zu suchen, die wir manchmal im Äußeren suchen. Es ist eine Reise der Introspektion, des Entkleidens der sozialen Schichten und der Masken, die wir im Alltag tragen, um schließlich unsere wahre Essenz zu finden.

Der Zweck ist das Leuchtfeuer, das uns in der Dunkelheit leitet, der Kompass, der die Richtung angibt. Wenn wir uns in dieses Thema vertiefen, können wir anfangen zu verstehen, dass wir Teil von etwas Größerem sind, dass unser Leben einen Zweck in einem großen Handlungsstrang hat, der sich um uns herum entfaltet.

Bereit für diese Odyssee? Treten Sie ein in diese bereichernde Erfahrung und entdecken Sie die Bedeutung, die in Ihrer Seele wohnt. Der Weg beginnt jetzt, und das Zweck ist die Verwirklichung, im Einklang mit Ihrem Zweck zu leben.

Viel Spaß beim Lesen!

Leonardo Tavares

1
EINLEITUNG

Die Suche nach dem Zweck beginnt mit einem Schritt, und jeder Schritt zählt beim Aufbau eines bedeutungsvollen Lebens.

Herzlich willkommen zu einem Weg der Selbsterkenntnis und persönlichen Weiterentwicklung, bei dem wir tief in die transformative Kraft eintauchen werden, seinen Lebenszweck zu finden und danach zu leben. Dieses Buch ist eine Reise der Reflektion, des Lernens und der Inspiration, konzipiert, um Ihnen zu helfen, die Geheimnisse zu enthüllen, die in Ihrem Inneren liegen, und den Zweck zu entdecken, der Ihr Leben auf sinnvolle Weise leiten wird.

Stellen Sie sich das Leben als ein faszinierendes Puzzle vor, bei dem der Zweck das zentrale Stück ist, das alles andere verbindet. Wenn wir unseren Zweck finden, beginnen plötzlich die Dinge Sinn zu ergeben; unsere Existenz gewinnt eine tiefe Bedeutung und eine klare Richtung. Es ist, als ob wir den erleuchteten Pfad inmitten der Dunkelheit gefunden hätten, der uns Orientierung und Motivation in unserem täglichen Leben bietet.

Im Laufe der Kapitel dieses Buches werden wir die wesentlichen Aspekte der Suche nach dem Zweck erkunden. Wir werden sehen, wie die Suche nach dem

Zweck nicht nur eine individuelle Erfahrung ist, sondern eine universelle Suche, die wir alle als Menschen teilen. Die Notwendigkeit, einen Lebenszweck zu finden, ist in unserer Natur angelegt und fundamental für unsere Zufriedenheit, Glückseligkeit und innere Ruhe.

Die Wahrheit ist, dass jeder von uns einzigartig ist, mit Talenten, Fähigkeiten und Erfahrungen, die uns unterscheiden. Und genau diese Einzigartigkeit bildet die Grundlage unseres Zwecks. Den eigenen Zweck zu entdecken bedeutet zu verstehen, was einen einzigartig macht und wie man dies nutzen kann, um auf einzigartige und wertvolle Weise zur Welt beizutragen.

DIE BEDEUTUNG DER FINDUNG EINES LEBENSZWECKS

Der Zweck ist nicht nur ein philosophisches oder esoterisches Konzept; es ist ein grundlegendes menschliches Bedürfnis. Es ist ein Treibstoff, der unsere Leidenschaft, unser Engagement für das Leben und unseren Wunsch, einen Unterschied zu machen, antreibt. Menschen, die mit einem Zweck leben, sind widerstandsfähiger gegenüber Herausforderungen, engagierter in ihren Zielen und besser in der Lage, Hindernisse zu überwinden.

Wenn wir mit einem Zweck leben, erfahren wir eine Steigerung des Glücks und des Wohlbefindens. Unsere Leben werden bedeutungsvoller und erfüllender. Wir fühlen uns stärker mit anderen und der Welt um uns herum verbunden, da wir unsere Rolle und unseren Einfluss im großen Netz des Daseins verstehen.

Andererseits kann ein Leben ohne Zweck zu Gefühlen der Leere, Apathie und Orientierungslosigkeit führen. Ohne klares Zweck können wir uns in einem endlosen Kreislauf von Aufgaben und Verantwortlichkeiten verlieren, ohne zu verstehen, warum wir tun, was wir tun. Dies kann zu Unzufriedenheit, Ängsten und einem tiefen Gefühl der Entfremdung führen.

Die Entdeckung Ihres Zwecks kommt nicht nur Ihnen zugute, sondern auch denen um Sie herum und der Welt im Allgemeinen. Jeder, der gemäß seinem Zweck lebt, trägt zu einer Welt bei, die im Einklang mit den Werten und Zielen aller steht. Stellen Sie sich eine Welt vor, in der alle im Einklang mit dem stehen, was ihnen wirklich wichtig ist, und dazu beitragen, etwas Größeres zu schaffen. Das ist die Kraft des Zwecks.

Wenn wir unseren Zweck entdecken, geschieht etwas Magisches. Unsere Perspektive verändert sich, und wir beginnen, Herausforderungen als Chancen zum Wachsen und Lernen zu sehen. Der Zweck gibt uns den Mut, unseren Träumen zu folgen, und die Stärke, Hindernisse zu überwinden, die uns sonst stoppen könnten.

Stellen Sie sich einen Bergsteiger vor, der den majestätischen Berg vor sich sieht. Ohne Zweck sieht er nur einen steilen und schwierigen Aufstieg. Mit Zweck sieht er eine Reise der Selbstverwandlung, bei der die

Eroberung des Gipfels die Überwindung innerer Grenzen darstellt. Der Zweck gibt uns die notwendige Vision, Widrigkeiten in Stufen auf unserem Aufstieg zur Erfüllung zu verwandeln.

Genau wie ein Seefahrer auf seinen Kompass vertraut, um die weiten und unsicheren Meere zu überqueren, fungiert der Zweck als unser Kompass auf der Reise des Lebens. Er bietet uns eine klare Richtung, einen Bezugspunkt, um uns durch die stürmischen Gewässer des Schicksals zu führen. Ohne klaren Zweck kann unsere Reise ziellos werden, was zu einem Gefühl der Orientierungslosigkeit und des Verlusts führt.

Mit einem Zweck im Sinn sind wir wie entschlossene Navigatoren, die mit Entschlossenheit durch das Leben segeln. Wir haben ein Zweck zu erreichen und einen Kurs zu halten. Selbst in den Stürmen des Lebens können wir unserem Zweck vertrauen, um uns sicher auf die andere Seite zu führen.

Das moderne Leben ist voller Ablenkungen und Anforderungen, die uns oft dazu bringen, unsere Energie in verschiedene Richtungen zu zerstreuen. Der Zweck wirkt wie ein Filter und hilft uns, inmitten dieses Lärms zu erkennen, was wirklich wesentlich ist. Er ermöglicht es uns, unsere Bemühungen und Ressourcen auf Aktivitäten zu konzentrieren, die mit unserer Lebensmission in Einklang stehen.

Stellen Sie sich einen Künstler vor einer leeren Leinwand vor. Ohne Zweck könnte er beginnen, zufällig zu malen, was zu einem verwirrenden und unzusammenhängenden Bild führen könnte. Aber mit einem klaren Zweck malt er mit Absicht, wobei jeder Pinselstrich zur endgültigen Vorstellung beiträgt, die er im Kopf hat. So hilft uns der Zweck dabei, ein Meisterwerk unseres Lebens zu schaffen, indem er sich auf das konzentriert, was wirklich zählt, und zum globalen Bild beiträgt.

DIE VORTEILE EINES LEBENS MIT ZWECK

Ein Leben mit Zweck zu leben ist nicht nur ein philosophischer Ansatz, sondern eine Reise, die eine Vielzahl von greifbaren und immateriellen Vorteilen mit sich bringt. Diese Vorteile durchdringen alle Aspekte unseres Daseins und beeinflussen unsere körperliche, geistige, emotionale und soziale Gesundheit. Lassen Sie uns ausführlich die zahlreichen Vorteile erkunden, die mit einem Leben mit Zweck einhergehen.

Das Gefühl der Zufriedenheit und Erfüllung, das mit dem Leben im Einklang mit unserem Zweck einhergeht, ist wahrhaft einzigartig. Es ist, als würde man das letzte Stück des Puzzles finden und endlich das vollständige Bild sehen. Jede Wahl und Handlung gewinnt eine tiefe Bedeutung und ein Gefühl, auf dem richtigen Weg zu sein. Diese Zufriedenheit kommt von einem Leben im Einklang mit unseren grundlegenden Werten und Lebenszielen.

Stellen Sie sich einen Musiker vor, der völlig im Einklang mit seinem Meisterwerk ist, bei dem jede Note mit Präzision und Leidenschaft gespielt wird. So ist es, mit einem Zweck zu leben, bei dem jeder Tag eine Symphonie aus ausgerichteten Handlungen ist, die eine innere Harmonie schaffen, die in allem mitschwingt, was wir tun.

Der Zweck wirkt wie ein kraftvoller Katalysator, der die notwendige Motivation liefert, um den Herausforderungen des Lebens, die sich unweigerlich stellen, zu begegnen. In schwierigen Momenten, wenn es scheint, dass die Kräfte erschöpft sind, treibt uns der Zweck dazu an, durchzuhalten. Wir wissen, dass jedes überwundene Hindernis uns unserer Vision und Lebensmission näher bringt und uns die Entschlossenheit gibt, weiterzumachen.

Denken Sie an einen Athleten, der während eines Marathons Erschöpfung und den Wunsch zu resignieren verspürt. Er erinnert sich jedoch an den Zweck, der ihn dazu motiviert hat, diese Reise zu beginnen: Gelder für eine Sache zu sammeln, die ihn zutiefst berührt. Dieser Zweck erneuert seine Energie und treibt ihn dazu an, die Ziellinie zu überqueren. Auf die gleiche Weise gibt uns unser Zweck die Stärke, den Herausforderungen in unserem Weg zu begegnen.

Ein Leben mit Zweck verbindet uns auf tiefgreifende Weise mit der Welt um uns herum. Wir entdecken ein Gefühl der Zugehörigkeit und Gemeinschaft, da wir auf bedeutende Weise zu etwas Größerem als wir selbst beitragen. Dieses Gefühl des Beitrags stärkt unsere Beziehungen und schafft tiefere und authentischere Bindungen.

Stellen Sie sich vor, Sie sind wie ein Faden in einem komplexen Teppich. Ohne Zweck können Sie sich locker und ohne wirkliche Verbindung zu den anderen Fäden um Sie herum fühlen. Aber wenn Sie in Einklang mit Ihrem Zweck stehen, verweben Sie sich perfekt in das Geflecht des Lebens, bilden ein bedeutsames und schönes Muster.

Diese tiefe Verbindung zu anderen und zur Welt erzeugt einen Kreislauf der Positivität, der sich ausbreitet. Wenn wir auf bedeutsame Weise beitragen, inspirieren und motivieren wir andere, dasselbe zu tun. Dieser positive Kreislauf erzeugt eine mitfühlendere Welt, in der Menschen sich gegenseitig unterstützen und helfen, was zu einer stärkeren und geeinteren Gemeinschaft führt.

Genau wie ein Stein, der in einen See geworfen wird und sich ausbreitende Wellen erzeugt, erzeugt unser Beitrag zur Welt, geleitet durch unseren Zweck, Wellen der Positivität, die das Leben vieler berühren und verändern.

Dieses Buch lädt Sie ein, an einer Reise zur Entdeckung Ihres Lebenszwecks teilzunehmen. Während wir voranschreiten, werden wir Strategien und praktische Übungen erkunden, um Ihnen zu helfen, Ihren Zweck zu identifizieren und in Ihren Alltag zu integrieren. Wir stehen kurz davor, unbekanntes Terrain zu erkunden, die

Geheimnisse Ihrer Seele zu enthüllen und den Weg zu einem Leben voller Bedeutung und Zweck zu erleuchten.

Im nächsten Kapitel werden wir tief in unsere eigene Essenz eintauchen. Wir werden Techniken und Praktiken erkunden, die Ihnen helfen, über Ihre Erfahrungen, Werte und Überzeugungen nachzudenken und Klarheit über Ihren Zweck zu bekommen. Genau wie jede Seite eines Buches Geheimnisse und Enthüllungen birgt, wird jede Reflexion Sie zu einem umfassenderen Verständnis von sich selbst und Ihrer Bestimmung in dieser Welt führen.

Machen Sie sich bereit für eine inspirierende Transformation!

2
PERSÖNLICHE REFLEXION

Wenn wir nach innen schauen, finden wir die Schätze des Zwecks. Die Introspektion ist der Schlüssel, der die Türen zur Entdeckung öffnet.

Die persönliche Reflexion, diese innere Pilgerreise, ist eines der mächtigsten Werkzeuge, die wir haben, um unseren Lebenszweck zu entdecken und zu verstehen. Sie ist das Licht, das die dunklen und verborgenen Gänge unseres Geistes beleuchtet und unsere wahren Wünsche, Werte und Bestrebungen offenbart.

In der Suche nach dem Zweck verlieren wir uns oft im unaufhörlichen Lärm der äußeren Welt. Wir leben in einer Ära, in der Geschwindigkeit gefeiert wird und die Introspektion oft vernachlässigt wird. Es ist jedoch unerlässlich, innezuhalten, in uns hineinzuschauen und die entscheidenden Fragen zu stellen: Wer bin ich? Warum bin ich hier? Was ist mein Zweck?

Die Selbsterkenntnis, die das Herzstück dieses Buches ist, ist nicht nur eine abstrakte Betrachtung dessen, wer wir sind. Es ist ein vollständiges Eintauchen in unser eigenes Wesen, eine ehrliche und mutige Analyse unserer Stärken und Schwächen, Leidenschaften und Ängste, Träume und Enttäuschungen. Es ist, als würde man die Kapitel eines alten und mysteriösen Buches entschlüsseln, das die Geschichte unseres Lebens erzählt.

Sich selbst zu kennen, ist der erste Schritt zu einem Leben im Einklang mit dem Zweck. Stellen Sie sich vor, Sie sind ein furchtloser Entdecker, der die unbekannten Meere Ihrer eigenen Seele durchsegelt. Die Selbsterkenntnis ist die Karte auf dieser Reise, die Wege aufzeigt, die enthüllt, die in Ihnen verborgenen Schätze aufdeckt.

In diesem Kapitel tauchen wir in das Universum der persönlichen Reflexion ein. Wir laden Sie ein, die Masken abzulegen, die Sie im Laufe der Jahre vielleicht angenommen haben, und der Person gegenüberzutreten, die Sie wirklich sind. Denn nur wenn wir uns selbst vollständig kennen, können wir unseren Weg inmitten der Weite des Daseins klar erkennen.

DIE NOTWENDIGKEIT DER SELBSTKENNTNIS, UM DEN ZWECK ZU ENTDECKEN

Stellen Sie sich Ihr Leben als ein offenes Buch vor, dessen Seiten voller Erfahrungen, Entscheidungen und Emotionen sind. Jede Seite enthält einen Teil Ihrer Geschichte, beherbergt aber auch Hinweise und Botschaften über Ihren Zweck. Um jedoch die Botschaft des Zwecks zu entschlüsseln und zu teilen, müssen Sie jede Seite dieses Buches lesen und verstehen.

Wenn wir den Inhalt dieses Buches nicht kennen, wenn wir unsere Erfahrungen nicht untersuchen und darüber nachdenken, werden wir in seinem komplexen Handlungsstrang verloren gehen. Die Selbstkenntnis ist der Schlüssel, der es uns ermöglicht, jede Seite zu lesen und zu interpretieren, indem wir wiederkehrende Themen und grundlegende Werte identifizieren, die unsere Lebenserzählung antreiben.

Um unseren Zweck zu entdecken, ist es entscheidend, unsere Stärken, Schwächen, Leidenschaften, Ängste und Motivationen zu kennen. Wir müssen unsere vergangenen Erfahrungen erkunden, unsere Erfolge und Misserfolge, unsere Beziehungen und die Momente, die uns geprägt haben. Die Selbstkenntnis ist die Karte, die uns auf unserer Suche nach dem Zweck führen wird.

IDENTIFIZIERUNG IHRER GRUNDLEGENDEN WERTE UND ÜBERZEUGUNGEN

Unsere Werte und Überzeugungen sind der Kern unseres Seins; sie formen unsere Entscheidungen, Verhaltensweisen und Wahrnehmungen der Welt. Die Identifikation und das Verständnis unserer Werte und Überzeugungen sind entscheidend, um einen Zweck zu entdecken, der mit unserem Wesen im Einklang steht.

Die Werte sind die grundlegenden Prinzipien, die wir in unserem Leben für wichtig erachten. Sie können Dinge wie Ehrlichkeit, Liebe, Gerechtigkeit, Freiheit und mehr sein. Sie dienen als unser moralischer Kompass und leiten unsere Entscheidungen.

Die Überzeugungen sind die Überzeugungen, die wir über uns selbst, andere und die Welt haben. Sie können positiv oder begrenzend sein. Die Identifizierung begrenzender Überzeugungen und die Arbeit an ihrer Transformation sind entscheidend, um unser Potenzial freizusetzen und unseren Zweck anzunehmen.

Die Reflexion über unsere vergangenen Erfahrungen und das Betrachten der Momente, in denen wir uns authentischer und erfüllter gefühlt haben, kann uns helfen, unsere Werte und Überzeugungen zu identifizieren. Indem wir diese Prinzipien erkennen und in unseren Alltag integrieren, wird unser Zweck klarer und sinnvoller.

TECHNIKEN DER REFLEXION UND SELBSTBEWERTUNG

Reflexion und Selbstbewertung sind kraftvolle Werkzeuge, um Selbstkenntnis zu erlangen. Sie ermöglichen es uns, einen Moment innezuhalten im hektischen Leben und nach innen zu schauen, zu hinterfragen, zu analysieren und unsere Gedanken, Emotionen und Handlungen zu verstehen. Hier sind effektive Techniken, um diesen Prozess zu starten:

Reflexionsjournal

Das Reflexionsjournal ist wie ein Spiegel, der unsere innere Reise reflektiert. Indem Sie täglich Zeit zum Schreiben widmen, halten Sie Ihre Erfahrungen, Emotionen, Herausforderungen und Erfolge fest. Es ist ein Ort, an dem Sie frei Ihre innersten Gedanken ausdrücken können und eine Bestandsaufnahme Ihres Lebens machen können.

Meditation

Meditation ist eine kraftvolle Praxis, die den Geist beruhigt und uns mit unserem tiefsten Selbst verbindet. Sie ist eine offene Tür zu unserem Inneren, wo wir eintreten können, um Fragen zu stellen und Antworten über unseren Lebenszweck zu finden.

Selbstinterview

Durch Selbstbefragung stellen Sie sich gezielte Fragen, um Ihre Leidenschaften, Werte, Fähigkeiten und Ziele zu erkunden. Diese Technik simuliert ein direktes Gespräch und hilft dabei, Gedanken und Reflexionen hervorzubringen, die latent sein könnten.

Feedback von Dritten

Manchmal ist es schwierig für uns, unsere Qualitäten und Talente zu identifizieren. Das Einholen von Feedback von vertrauenswürdigen Personen kann wertvolle Einblicke in unsere Fähigkeiten und einzigartigen Eigenschaften bieten.

Kreative Visualisierung

Die kreative Visualisierung ist eine kraftvolle Technik, um ein klares Bild davon zu schaffen, wie Ihr Leben aussehen würde, wenn Sie Ihren Zweck leben würden. Sie hilft dabei, Ihre Ziele und Wünsche zu verankern und sie greifbarer und motivierender zu machen.

Diese Techniken der Reflexion und Selbstbewertung sind wie Linsen, die es uns ermöglichen, verschiedene Aspekte von uns selbst zu fokussieren und zu untersuchen, und sie leiten uns in unserer Suche nach unserem Zweck. Wenn Sie regelmäßig Zeit und Energie investieren, um diese Techniken anzuwenden, werden Sie sich immer näher zu einem tieferen Verständnis darüber bewegen, wer Sie sind und was Ihr Lebenszweck ist.

Die Entdeckung unseres Lebenszwecks ist mit unserem Verständnis von uns selbst verflochten. Indem wir unsere grundlegenden Werte und Überzeugungen identifizieren, unser Inneres aufrichtig erkunden und Techniken der Reflexion und Selbstbewertung anwenden, beginnen wir, die Teile dieses komplexen Puzzles zu entwirren, und kommen der Enthüllung näher, welcher Weg uns zu einem erfüllten und sinnvollen Leben führen wird.

Im nächsten Kapitel laden wir Sie ein, weiterzumachen, auf der unaufhörlichen Suche nach Selbstverständnis und Ihrem Schicksal. Wir werden die unerforschten Gewässer Ihrer tiefsten Interessen und leidenschaftlichen Neigungen befahren.

Machen Sie sich bereit für eine aufregende und inspirierende Reise. Wenn Sie Ihre Leidenschaften und Interessen entdecken und pflegen, sind Sie dem Rätsel Ihres Lebenszwecks näher. Gemeinsam werden wir weiterhin das komplexe Gewebe Ihrer Existenz erforschen, auf der Suche nach dem, was Sie zum Vibrieren bringt und Sie antreibt, ein Leben voller Bedeutung und Erfüllung zu führen.

3

ERKUNDUNG VON INTERESSEN UND LEIDENSCHAFTEN

Unsere Leidenschaften sind Leitsterne in einem weiten Himmel voller Möglichkeiten. Folgen Sie dem Glanz und entdecken Sie Ihren einzigartigen Zweck.

Die Erkundung Ihrer Interessen und Leidenschaften gleicht einer Wanderung durch einen üppigen, unbekannten Wald, voller Pfade, die zu unerwarteten Abzweigungen und unentdeckten Schönheiten führen. Es ist eine Reise der Selbsterkenntnis, eine Gelegenheit, Ihre tiefsten Neigungen zu untersuchen und zu verstehen, was Sie antreibt. Durch diese Erkundung finden Sie Portale zu Ihrem Zweck, wo Ihre Leidenschaften auf sublime Weise miteinander verflochten sind.

In diesem Kapitel tauchen wir ein in ein Universum faszinierender Entdeckungen und echter Selbstverbindung. Es ist eine Einladung zu einer einzigartigen Erfahrung, bei der die hellen Funken Ihrer Leidenschaften die Wege erleuchten werden, die Sie zu Ihrem wahren Lebenszweck führen werden. Wir werden die transformative Kraft der Interessen und Leidenschaften erkunden, die in Ihnen wohnen, vertiefen und feiern.

DIE KOMPLEXE WELT DER INTERESSEN

Interessen sind wie verschlungene Pfade, die uns dazu führen, unbekannte Gebiete zu erkunden, unseren Blick auf die Welt zu erweitern und uns zu ermöglichen, neue Facetten an uns zu entdecken. In vielerlei Hinsicht sind Interessen die ersten Zeichen, die uns die Richtung in der Suche nach unserem Lebenszweck anzeigen.

Stellen Sie sich Ihre Interessen wie Pfade in einem weiten und geheimnisvollen Wald vor. Jeder Pfad bietet eine einzigartige Erfahrung, eine Chance, Geheimnisse und Wunder zu entdecken, die das Leben zu bieten hat. Ganz wie ein Abenteurer, der eine Route aufgrund seiner Neugier und Lust auf Erkundung wählt, leiten uns unsere Interessen dorthin, wo unsere Seele sich sehnt.

Die Vielfalt der Interessen

Interessen sind vielfältig und facettenreich. Sie können eine Vielzahl von Bereichen abdecken, einschließlich, aber nicht beschränkt auf:

Hobbys und Freizeitaktivitäten: Ob Malen, Gärtnern, Sport, Musik oder Handwerk – unsere Hobbys spiegeln oft unsere natürlichen Neigungen wider und ermöglichen es uns, unsere Kreativität auszudrücken.

Studium und Lernen: Intellektuelle Interessen umfassen das Streben nach Wissen in Bereichen wie Wissenschaft, Philosophie, Geschichte, Literatur oder sogar das Erlernen neuer Sprachen.

Aktivismus und soziale Anliegen: Einige von uns haben eine leidenschaftliche Interesse an der Unterstützung sozialer Anliegen wie Menschenrechte, Umwelt, Gesundheit, Bildung und soziale Gerechtigkeit.

Karriere und Beruf: Unsere beruflichen Entscheidungen und Karriereziele können ein Spiegelbild unserer Interessen und Fähigkeiten sein.

Reisen und Erkundung: Für einige ist die Erkundung der Welt und das Kennenlernen verschiedener Kulturen eine große Quelle des Interesses und der Inspiration.

Die Kunst, Interessen zu erkunden

Die Erkundung Ihrer Interessen ist eine Kunst. Es ist die bewusste Praxis, Ihrer Neugier zu folgen, Türen ins Unbekannte zu öffnen und sich selbst das Lernen und Wachsen zu erlauben. Hier sind Möglichkeiten, diese Kunst zu perfektionieren:

Halten Sie den Geist offen: Seien Sie offen für neue Erfahrungen und Ideen. Seien Sie neugierig und bereit, etwas Neues auszuprobieren, auch wenn es anfangs außerhalb Ihrer Komfortzone liegt.

Lesen Sie breit und tief: Lesen erweitert Ihren Horizont und bietet Einblicke in eine Vielzahl von Themen. Außerdem kann es Ihnen helfen, Bereiche zu identifizieren, die Sie faszinieren.

Nehmen Sie an Veranstaltungen und Konferenzen teil: Die Teilnahme an Veranstaltungen, Konferenzen oder Workshops im Zusammenhang mit Ihren Interessen kann eine tiefere Eintauchmöglichkeit und Networking-Chancen bieten.

Sprechen Sie mit Experten: Suchen Sie das Gespräch mit Personen, die Experten in Bereichen Ihres Interesses sind oder Erfahrung damit haben. Ihre Perspektiven können neue Einsichten eröffnen.

Probieren Sie verschiedene Aktivitäten aus: Erlauben Sie sich, eine Vielzahl von Aktivitäten auszuprobieren, bevor Sie entscheiden, was Sie wirklich anzieht. Manchmal ist es nötig, ein wenig zu experimentieren, um verborgene Leidenschaften zu entdecken.

Die Rolle der Interessen bei der Entdeckung von Leidenschaften

Interessen sind wie Leuchttürme, die den Weg zu unseren Leidenschaften erhellen. Sie ziehen uns an und lassen uns in einzigartige Erfahrungen eintauchen. Jedes Interesse ist ein Puzzlestück, eine Entdeckung, die zu einer noch größeren Leidenschaft führen kann. Es ist, als ob jedes Interesse ein kleiner Lichtstrahl wäre, der einen Teil unserer inneren Leidenschaft erleuchtet.

Indem Sie sich mit verschiedenen Interessen beschäftigen, beginnen Sie zu erkennen, welche Aktivitäten und Themen tief in Ihnen mitschwingen. Einige Interessen können intensiv strahlen und auf eine verborgene Leidenschaft hindeuten. Andere können zu neuen Interessen führen oder ein tieferes Verständnis Ihrer bereits bestehenden Leidenschaften ermöglichen. Durch die mutige Erkundung Ihrer Interessen werden Sie die Perlen der Weisheit entdecken, die Ihren Weg zu einem erfüllten und bedeutungsvollen Leben erhellen.

DAS GLÜHENDE UNIVERSUM DER LEIDENSCHAFTEN

Leidenschaften sind wahre Feuer, die in uns brennen und unseren Weg im Laufe des Lebens erhellen. Sie entzünden uns, inspirieren uns, motivieren uns, unsere Träume und Ziele zu verfolgen. Sie sind die Kräfte, die uns lebendig fühlen lassen, uns anspornen, den Kopf zu heben, nach mehr zu streben, über das Gewöhnliche hinauszugehen. Die Kenntnis unserer Leidenschaften ist wie das Halten einer Fackel, die unsere tiefsten Wünsche beleuchtet.

Es ist entscheidend zu verstehen, was Sie in einer Aktivität verlieren lässt, was Ihre Neugier weckt und Begeisterung, was Sie authentischer und vollständiger macht. Wenn wir im Einklang mit unseren Leidenschaften sind, fühlen wir uns lebendiger denn je. Sie bewegen uns, treiben uns voran, fordern uns heraus und inspirieren uns, nach Größe zu streben. Jede Leidenschaft ist eine Flamme, und jede Flamme ist eine Geschichte, die erzählt werden will.

Übungen zur Entdeckung Ihrer Leidenschaften und Interessen

Die Entdeckung Ihrer Leidenschaften und Interessen ist eine bewusste und gezielte Exploration dessen, was Sie zum Schwingen bringt, was Sie leidenschaftlich für das Leben macht. Es ist wie das Enthüllen der Geheimnisse einer Schatzkarte, indem man den Hinweisen folgt, die Sie zum Kern Ihres Zwecks führen. Hier sind praktische Übungen, um Sie auf dieser Suche zu leiten:

Leidenschaftstagebuch: Nehmen Sie sich regelmäßig Zeit, um über die Aktivitäten zu schreiben, die Sie am meisten lebendig und begeistert machen. Notieren Sie, was Sie getan haben, mit wem Sie waren und wie Sie sich gefühlt haben. Im Laufe der Zeit werden Muster und Trends sichtbar.

Wunschliste: Erstellen Sie eine Liste der Dinge, die Sie immer tun wollten, auch wenn sie weit weg oder unerreichbar erscheinen. Diese Liste kann Ihre tiefen Wünsche und Interessen offenbaren.

Gespräche mit Freunden: Fragen Sie enge Freunde nach den Aktivitäten oder Interessen, die sie in Ihnen sehen. Manchmal haben andere wertvolle Einblicke in unsere Leidenschaften.

Experimentieren: Haben Sie keine Angst, Neues auszuprobieren. Nehmen Sie an Workshops, Kursen oder Gruppen teil, die sich mit Ihren Interessensgebieten befassen. Die direkte Erfahrung kann Ihnen helfen, Leidenschaften zu identifizieren, von denen Sie nicht wussten, dass Sie sie haben.

Kreative Visualisierung: Nehmen Sie sich Zeit, um Ihr ideales Leben zu visualisieren, einschließlich der Erfüllung Ihrer Leidenschaften und Ihres Lebenszwecks.

Die Visualisierung kann Ihnen helfen, zu identifizieren, was für Sie wirklich wichtig ist.

Diese Übungen sind die Leuchttürme, die Sie durch den Ozean Ihrer Leidenschaften führen werden. Sie sind Einladungen, tiefer in sich selbst einzutauchen, um die verborgenen Schätze zu entdecken, die darauf warten, enthüllt zu werden.

Integrieren von Leidenschaften in Ihren Alltag

Das Entdecken Ihrer Leidenschaften ist erst der Anfang. Ihre Leidenschaften in Ihren täglichen Ablauf zu integrieren, ist ein Akt der Selbstliebe und eine Investition in Ihr Glück. Wenn Sie jeden Tag Platz für Ihre Leidenschaften schaffen, befinden Sie sich in einem Zustand der Flüssigkeit, in dem jeder Moment zu einem Ausdruck dessen wird, was Sie lieben und schätzen.

Stellen Sie sich vor, jeden Morgen mit einem Funkeln in den Augen aufzuwachen, voller Vorfreude auf die Aktivitäten, die Sie begeistern. Das ist nicht nur ein Traum, sondern eine erreichbare Realität. Die Integration Ihrer Leidenschaften in Ihren täglichen Alltag öffnet die Tür zu einem authentischeren, inspirierteren und wahrhaftigen Dasein. Hier sind einige Möglichkeiten, dies zu tun:

Priorisieren Sie Ihre Leidenschaften: Nehmen Sie sich regelmäßig Zeit, um Ihren Leidenschaften nachzugehen, auch wenn es nur für einige Minuten am Tag ist. Das Priorisieren dessen, was Sie lieben, ist eine kraftvolle

Möglichkeit, Leidenschaften in Ihren Alltag zu integrieren.

Finden Sie Verbindungen: Suchen Sie nach Möglichkeiten, Ihre Leidenschaften in Ihre aktuelle Karriere oder Arbeit zu integrieren. Manchmal können kleine Veränderungen es Ihnen ermöglichen, das zu verbinden, was Sie lieben, mit dem, was Sie tun.

Teilen Sie sie mit anderen: Das Teilen Ihrer Leidenschaften mit Freunden, Familie oder Kollegen kann ein Gefühl der Verantwortung schaffen und Ihnen helfen, dabei zu bleiben. Darüber hinaus kann es andere inspirieren, ihre eigenen Leidenschaften zu entdecken und zu verfolgen.

Setzen Sie sich Ziele: Legen Sie Ziele im Zusammenhang mit Ihren Leidenschaften fest. Klare Ziele können Sie dazu motivieren, konsequent an dem zu arbeiten, was Sie lieben.

Schaffen Sie Raum für Inspiration: Halten Sie einen physischen oder mentalen Raum für Ihre Leidenschaften frei. Dies dient als ständige Erinnerung an das, was Sie schätzen und in Ihr Leben integrieren möchten.

Die Integration Ihrer Leidenschaften in Ihren Alltag fügt nicht nur eine bedeutende Dimension zu Ihrem Dasein hinzu, sondern stärkt auch Ihre Verbindung zu Ihrem Lebenszweck. Ihre Leidenschaften sind die Farben, die die Leinwand Ihres Lebens ausfüllen und es lebendig und reich an Bedeutung machen.

Eine Einladung zur unendlichen Reise

Die Erforschung Ihrer Interessen und Leidenschaften ist kein Spaziergang mit einem Endpunkt. Es ist eine Einladung zu einer unendlichen Reise, zu einer ständigen Feier dessen, wer Sie sind und was Sie antreibt. Während Sie auf diesem Pfad voranschreiten, können sich Ihre Leidenschaften ausdehnen, vertiefen und verändern.

Jedes erforschte Interesse ist eine Reise, die Sie weiter in das Abenteuer des Lebens mit Bedeutung und Leidenschaft führt. Jede entdeckte Leidenschaft ist ein zusätzliches Kapitel in Ihrem Lebensbuch, eine umgeblätterte Seite, die Sie Ihrem Zweck näher bringt. Ehren und feiern Sie Ihre Entdeckungen, denn sie werden Sie zu einem erfüllten und authentischen Leben führen. Machen Sie weiter, verfolgen Sie Ihre Leidenschaften und lassen Sie sich von ihnen auf Ihrer Suche nach Ihrem Lebenszweck leiten.

Im nächsten Kapitel werden wir herausfinden, wie Ihre einzigartigen Fähigkeiten und Talente untrennbar mit Ihrem Lebenszweck verbunden sind. Sie werden verstehen, wie diese Gaben nicht nur zu Ihrem eigenen Nutzen, sondern auch zum Wohl der Welt um Sie herum eingesetzt werden können. Machen Sie sich bereit für eine aufregende Erkundung, die Sie dazu bringen wird, die Geheimnisse Ihrer Fähigkeiten und Talente sowie deren Verflechtung mit dem Gewebe Ihrer Existenz zu enthüllen.

4
FÄHIGKEITEN UND EINZIGARTIGE TALENTE

Jedes Talent ist eine Note in Ihrer persönlichen Symphonie. Spielen Sie Ihre Melodie und lassen Sie die Welt Ihr Lied hören.

Sie sind ein einzigartiges Stück im großen Puzzle des Lebens. In Ihnen liegen angeborene Fähigkeiten und Talente, die Sie besonders und wertvoll machen. Diese Fähigkeiten sind wie Sterne am nächtlichen Himmel, von denen jeder mit seinem eigenen Glanz leuchtet. Indem Sie Ihre einzigartigen Fähigkeiten erkennen, pflegen und nutzen, bereichern Sie nicht nur Ihre eigene Reise, sondern tragen auch zum größeren Gefüge der Menschheit bei.

In diesem Kapitel werden wir die faszinierenden Facetten Ihrer Fähigkeiten und Talente erkunden und enthüllen, was sie außergewöhnlich und wertvoll macht. Mehr als nur ein oberflächlicher Blick wird diese Erkundung eine tiefgreifende Eintauchung in die Essenz Ihrer Authentizität sein. Indem Sie Ihre Fähigkeiten und Talente verstehen, öffnen Sie Türen zu Möglichkeiten, die Sie Ihrem Lebenszweck näher bringen.

DER SCHATZ IST IN DIR

Stellen Sie sich Ihr Leben wie eine verborgene Schatzkiste auf einer geheimnisvollen Insel vor. Diese Truhe enthält die einzigartigen Geschenke, die Sie besitzen – Fähigkeiten, Talente und Begabungen, die Sie zu einem kostbaren Einzelstück machen. Wie ein furchtloser Abenteurer ist es Ihre Pflicht, diesen inneren Schatz zu suchen, zu identifizieren und zu pflegen.

Jede Fähigkeit ist wie ein Diamant, mit seinen eigenen Facetten, Glanz und Einzigartigkeit. Indem Sie sie polieren und schleifen, entdecken Sie neue Möglichkeiten, die Welt um Sie herum zu erhellen. Und genauso wie ein geteilter Schatz können Ihre Fähigkeiten, wenn sie enthüllt und genutzt werden, nicht nur Ihr Leben bereichern, sondern auch das Leben derer, mit denen Sie diese Welt teilen.

Die Vielfalt natürlicher Fähigkeiten

Die Fähigkeiten und Talente, die in Ihnen wohnen, bilden ein lebendiges und vielfältiges Spektrum. Einige von ihnen mögen offensichtlich und strahlend sein, wie Sterne an einem klaren Nachthimmel. Andere können in den Tiefen Ihres Wesens verborgen sein und geduldig darauf warten, entdeckt zu werden.

Jeder Mensch ist eine komplexe Collage natürlicher Fähigkeiten, ein wahres Mosaik von Kompetenzen, die miteinander verwoben sind und eine einzigartige Symphonie des Potenzials erschaffen. Diese Fähigkeiten bilden ein weites und vielfältiges Spektrum und zeigen eine unvergleichliche Vielfalt. Lernen Sie ein wenig über jede von ihnen kennen:

Offensichtliche und subtile Fähigkeiten: Einige Fähigkeiten sind wie strahlende Sterne am nächtlichen Himmel, offensichtlich und bemerkenswert von Anfang an. Sie stechen auf unserer Reise heraus, ziehen unsere Aufmerksamkeit auf sich und werden oft von denen um uns herum anerkannt. Diese Fähigkeiten sind offensichtlich, klar und bereit, zu unserem Vorteil genutzt zu werden und einen Beitrag zur Welt zu leisten.

Es gibt jedoch subtilere Fähigkeiten, die in den Tiefen unserer Seele verborgen sein können. Sie sind möglicherweise nicht sofort sichtbar, aber genauso kraftvoll und wirkungsvoll, wenn sie entdeckt werden. Oft erfordern sie eine tiefere Erkundung, einen aufmerksamen Blick und bewusste Reflexion, um identifiziert zu werden.

Praktische Fähigkeiten: Einige natürliche Fähigkeiten sind praktisch und helfen uns, Herausforderungen und Probleme effektiv und effizient anzugehen. Sie sind mit unserer Fähigkeit verbunden, Dinge zu organisieren, zu planen, Probleme zu lösen und Aufgaben geschickt auszuführen. Diese Fähigkeiten ermöglichen es uns, auf strategische und erfolgreiche Weise durch die Welt zu navigieren.

Diese praktischen Fähigkeiten unterstützen uns in unserem täglichen Leben und helfen uns bei der Bewältigung komplexer Probleme und der Verwaltung mehrerer Aufgaben. Sie sind solide Grundlagen, auf denen wir unsere Erfolge aufbauen.

Soziale Fähigkeiten: Ein weiteres wesentliches Set natürlicher Fähigkeiten sind soziale Fähigkeiten. Sie formen unsere Beziehungen und Interaktionen mit der Welt um uns herum. Diese Fähigkeiten umfassen die Fähigkeit zur effektiven Kommunikation, aufmerksamen Zuhören, Empathie, Zusammenarbeit, Führung und Konfliktlösung.

Diese Fähigkeiten sind entscheidend für unsere Interaktion mit Freunden, Familie, Arbeitskollegen und der Gesellschaft im Allgemeinen. Sie ermöglichen es uns, gesunde und bedeutungsvolle Beziehungen aufzubauen und eine Atmosphäre des Verständnisses und der Zusammenarbeit zu fördern.

Kreative Fähigkeiten: Kreative Fähigkeiten ermöglichen es Ihnen, auf einzigartige Weise zu innovieren, sich auszudrücken und zu schaffen. Sie sind eine Manifestation unserer Vorstellungskraft, Intuition und Originalität. Kreative Fähigkeiten umfassen Bereiche wie Kunst, Musik, Schreiben, Design und andere.

Die Erkundung und Förderung unserer kreativen Fähigkeiten ermöglicht es uns, Innovation in die Welt zu bringen und unsere Einzigartigkeit auszudrücken. Sie sind ein Vehikel, um unsere Emotionen, Gedanken und einzigartigen Perspektiven zu vermitteln.

Was jeden Menschen bemerkenswert macht, ist die Art und Weise, wie diese natürlichen Fähigkeiten miteinander verwoben sind und eine einzigartige Symphonie erschaffen. Genau wie ein Orchester aus verschiedenen Musikern trägt jede Fähigkeit zum Ganzen bei und schafft eine Harmonie, die für jede Person einzigartig ist.

Wenn wir die Vielfalt unserer Fähigkeiten erkennen und ehren, erkennen wir, dass es keine "richtige" oder "falsche" Fähigkeit gibt. Jede Fähigkeit, sei es praktisch, sozial oder kreativ, hat ihre Rolle und Bedeutung in unserem Leben. Diese vielfältigen und miteinander verbundenen Fähigkeiten befähigen uns, Herausforderungen zu meistern, Verbindungen zu knüpfen und etwas Neues und Bedeutendes zu schaffen.

Das Verständnis und die Feier der Vielfalt unserer natürlichen Fähigkeiten ermöglichen es uns, unser Potenzial maximal auszuschöpfen, unsere Talente effektiv zu nutzen und auf eine authentische und wertvolle Weise zur Welt beizutragen.

Identifikation Ihrer natürlichen Fähigkeiten

Die Identifikation Ihrer natürlichen Fähigkeiten erfordert Introspektion und sorgfältige Beobachtung. Sie können damit beginnen, eine Liste aller Dinge zu erstellen, in denen Sie gut sind oder die Ihnen Freude bereiten. Hier sind einige Möglichkeiten zur Identifizierung Ihrer Fähigkeiten:

Erkundung vergangener Erfahrungen: Die Vergangenheit ist ein Schatz an Informationen darüber, wer wir sind und worin wir von Natur aus kompetent sind. Das Zurückblicken auf Ihre Geschichte und Erfahrungen ist eine kraftvolle Möglichkeit, Ihre natürlichen Fähigkeiten zu erkennen. Fragen Sie sich: Was war immer einfach für mich zu tun? Welche Aktivitäten oder Aufgaben haben mich immer angezogen und die ich relativ mühelos ausgeführt habe? Dies sind wertvolle Hinweise auf Ihre angeborenen Fähigkeiten.

Denken Sie an Momente in Ihrem Leben, in denen die Dinge reibungslos liefen, wenn Sie das Gefühl hatten, in Ihrem Element zu sein. Tauchen Sie in Ihre Erinnerungen ein und entdecken Sie die auftauchenden Muster. Von der Kindheit bis heute können Ihre vergangenen Erfahrungen Licht auf Ihre natürlichen Fähigkeiten werfen.

Erinnern Sie sich an Situationen, in denen Sie herausragten oder Lob erhielten: Oft zeigen sich unsere natürlichen Fähigkeiten, wenn wir etwas tun, das wir wirklich lieben und schätzen. Denken Sie über Situationen nach, in denen Sie herausragten, sei es im persönlichen oder beruflichen Bereich. Erinnern Sie sich an die Momente, in denen Sie Lob oder Anerkennung erhielten. Was haben Sie in diesen Momenten getan? Welche Fähigkeiten waren im Spiel?

Die Anerkennung und Lob, die wir von anderen erhalten, hängen oft mit unseren natürlichen Fähigkeiten zusammen. Dies kann ein wertvoller Hinweis sein, um zu identifizieren, wo Sie natürlich brillieren.

Feedback von Dritten: Oft nehmen Menschen um uns herum unsere Fähigkeiten auf eine Weise wahr, die wir selbst nicht wahrnehmen. Ein ehrliches und konstruktives Feedback von Freunden, Familie, Arbeitskollegen oder Mentoren kann wertvolle Einblicke in unsere natürlichen Fähigkeiten bieten.

Fragen Sie diese Personen, was sie als Ihre Stärken und Talente sehen. Sie können Qualitäten in Ihnen hervorheben, die Sie möglicherweise nicht bemerkt haben. Ihre Beobachtungen können Fähigkeiten aufdecken, die Sie unterschätzt haben oder Bereiche, in denen Sie herausragen.

Berufliche Bewertung: Es gibt verschiedene berufliche Bewertungen und Persönlichkeitstests, die Ihre natürlichen Fähigkeiten beleuchten können. Diese Werkzeuge sind darauf ausgerichtet, Muster in Ihrem Verhalten, Arbeitsstil und Vorlieben zu identifizieren, um Ihre einzigartigen Fähigkeiten zu entdecken.

Diese Bewertungen können eine Vielzahl von Aspekten abdecken, von spezifischen technischen Fähigkeiten bis hin zu allgemeinen Verhaltensmerkmalen. Durch ehrliche und präzise Antworten können Sie wertvolle Einblicke in Ihre natürlichen Fähigkeiten und deren Ausrichtung auf Ihren Zweck erhalten.

Die Identifikation und das Verständnis Ihrer natürlichen Fähigkeiten sind entscheidend, um einen Weg im Einklang mit Ihrem Lebenszweck zu finden. Die bewusste Erforschung dieser Fähigkeiten befähigt Sie, ein sinnvolles Leben zu gestalten, in dem Sie Ihre einzigartigen Gaben nutzen können, um einen wertvollen Beitrag zur Welt zu leisten.

WIE IHRE TALENTE AUF IHREN ZWECK HINWEISEN KÖNNEN

Unsere Talente und Fähigkeiten sind keine bloßen Zufälle; oft sind sie wertvolle Anzeichen für unseren Lebenszweck. Jedes Talent, das wir besitzen, ist eine Brücke, die uns mit einem Teil unserer Geschichte verbindet. Was wir außergewöhnlich gut machen, könnte intrinsisch mit dem verbunden sein, was wir in dieser Welt tun sollen.

Verbindungen zwischen Talenten und Zweck finden

Betrachten Sie Ihre Talente und überlegen Sie, wie sie sich mit einem höheren Zweck in Einklang bringen lassen. Wenn Sie geschickt in der Kommunikation sind, könnte Ihr Zweck darin bestehen, andere zu inspirieren und positiv zu beeinflussen. Wenn Sie analytisch und logisch denken, könnte Ihr Zweck darin bestehen, Probleme zu lösen und Systeme zu verbessern.

Der Zweck zeigt sich oft, wenn wir unsere Talente nutzen, um einen Unterschied im Leben anderer Menschen oder in der Welt im Allgemeinen zu machen. Der Schlüssel besteht darin zu verstehen, wie unsere Talente einem höheren Zweck dienen können, indem sie zum Gemeinwohl beitragen.

Erfüllung durch Talente

Wenn wir unsere Talente auf sinnvolle Weise einsetzen, spüren wir ein tiefes Gefühl der Erfüllung. Es ist, als ob wir am richtigen Ort sind und das tun, wofür wir geboren wurden. Unsere Talente sind oft mit unserer Leidenschaft verbunden, und wenn wir sie in Richtung dessen anwenden, was uns wirklich wichtig ist, erleben wir eine Zufriedenheit und einen Sinn für Zweck, die ihresgleichen suchen.

Indem wir unsere Talente als Hinweise auf unseren Zweck erkennen und annehmen, können wir einen Weg beschreiten, der mit dem, was wir im Innersten sind, in Einklang steht. Es ist ein Weg, auf dem unsere natürlichen Gaben uns leiten, und jeder Schritt bringt uns näher zur Erfüllung und zur bedeutenden Auswirkung auf die Welt.

ENTWICKLUNG VON FÄHIGKEITEN ZUR AUSRICHTUNG MIT DEM ZWECK

Die Entwicklung von Fähigkeiten, die mit unserem Zweck im Einklang stehen, ist ein entscheidender Schritt zu einem authentischeren und bedeutungsvolleren Leben. Es ist eine Investition in uns selbst und unseren Beitrag zur Welt. Die Entwicklung von Fähigkeiten bedeutet nicht nur, das zu verbessern, was wir bereits besitzen, sondern auch neue Kenntnisse und Kompetenzen zu erwerben, die uns in Richtung unseres Zwecks vorantreiben.

Identifikation der benötigten Fähigkeiten

Identifizieren Sie zunächst die Fähigkeiten, die erforderlich sind, um Ihren Zweck zu erfüllen. Bewertet die Anforderungen des Feldes oder des Bereichs, in dem Sie beitragen möchten, und entdecken Sie die benötigten Schlüsselqualifikationen. Dies kann technische Fähigkeiten, zwischenmenschliche Fähigkeiten, Führungsqualitäten oder andere spezifische Kompetenzen umfassen.

Kurse und Schulungen

Die Teilnahme an Kursen, Workshops und Schulungen im Zusammenhang mit Ihrem Zweck ist eine effektive Möglichkeit, Fähigkeiten zu entwickeln. Diese Lernmöglichkeiten können praktisches Wissen, wertvolle Einblicke und Anleitung von Experten auf dem Gebiet bieten.

Mentoring und Beratung

Die Suche nach Anleitung von Mentoren, die bereits den Weg gegangen sind, den Sie beschreiten, kann transformierend sein. Mentoren können wertvolle Ratschläge geben, ihre Erfahrungen teilen und spezifische Anleitungen zur Entwicklung der für die Erfüllung Ihres Zwecks erforderlichen Fähigkeiten geben.

Kontinuierliche Praxis

Kontinuierliche Übung ist entscheidend für die Entwicklung von Fähigkeiten. Widmen Sie regelmäßig Zeit, um Ihre Fähigkeiten zu üben und zu verbessern. Wiederholung und kontinuierlicher Einsatz führen zur Meisterschaft, ermöglichen es Ihren Fähigkeiten, eine natürliche Erweiterung Ihrer selbst zu sein.

Genau wie ein Garten, der Pflege und Nahrung benötigt, müssen auch Ihre einzigartigen Fähigkeiten gepflegt und entwickelt werden. Dies bedeutet, Zeit und Mühe zu investieren, um Ihre Fähigkeiten zu verbessern, kontinuierlich zu lernen und Ihren Kompetenzbereich zu erweitern. Beteiligen Sie sich an Aktivitäten, die es Ihren Fähigkeiten ermöglichen, zu erblühen.

Integration Ihrer Fähigkeiten in den Alltag

Sobald Sie Ihre Fähigkeiten identifiziert und entwickelt haben, ist der nächste Schritt, sie in Ihren Alltag zu integrieren. Es ist zu diesem Zeitpunkt, dass Sie Ihre Gaben nicht nur erkennen, sondern sie in die Praxis umsetzen, sie mit der Welt teilen und sie nutzen, um Ihren Weg zu formen.

Ausrichtung Ihrer Karriereentscheidungen mit Ihren Fähigkeiten: Eine kraftvolle Art, Ihre Fähigkeiten zu integrieren, besteht darin, sie mit Ihren Karriereentscheidungen in Einklang zu bringen. Wenn Ihre tägliche Arbeit es Ihnen ermöglicht, Ihre Fähigkeiten und Talente einzusetzen, fühlen Sie sich zu Hause. Ihre Energie wird produktiv und kreativ kanalisiert, und jeder Arbeitstag wird zu einem authentischen Ausdruck dessen, wer Sie sind.

Zum Beispiel, wenn Sie Führungs- und Organisationsfähigkeiten besitzen, kann die Suche nach Managementpositionen eine natürliche Option sein. Wenn Sie kreative Fähigkeiten haben, könnte eine Karriere in Kunst oder Design der Weg sein. Ihre Karriere mit Ihren Fähigkeiten in Einklang zu bringen, ist eine bewusste Wahl, um Ihr Leben mit Zweck zu leben.

Beitrag zu Gemeinschaftsprojekten oder Freiwilligenarbeit: Eine weitere kraftvolle Möglichkeit, Ihre Fähigkeiten zu integrieren, besteht darin, zu Gemeinschaftsprojekten beizutragen oder Freiwilligenarbeit zu leisten, wo Ihre Fähigkeiten geschätzt werden. Viele gemeinnützige Organisationen oder Gemeinschaftsgruppen benötigen Menschen mit bestimmten Fähigkeiten, um ihre Ziele zu erreichen.

Zum Beispiel, wenn Sie Finanzkenntnisse haben, kann die Beratung für eine gemeinnützige Organisation eine Möglichkeit sein, beizutragen. Wenn Sie gut im Unterrichten sind, könnte das Anbieten von kostenlosen Kursen Ihre Art sein, der Gemeinschaft etwas zurückzugeben. Die Integration Ihrer Fähigkeiten in Projekte, die der Gesellschaft zugute kommen, verstärkt Ihre Auswirkungen und bietet ein tieferes Gefühl des Zwecks.

Authentisches Leben: Wenn Ihre Fähigkeiten im Einklang mit Ihrem Leben stehen, fühlen Sie sich nicht nur erfüllt, sondern tragen auch auf eine Art und Weise bei, die einzigartig für Sie ist. Ihr Leben wird zu einem authentischen Ausdruck dessen, wer Sie sind, und Sie hinterlassen eine einzigartige Spur in der Welt.

Diese Integration betrifft nicht nur Ihr Berufsleben, sondern erstreckt sich auf alle Aspekte Ihres Daseins. Sie setzen Ihre Fähigkeiten in Ihren Beziehungen, Hobbys und allem, was Sie tun, ein. Ihre Präsenz ist eine Fusion Ihrer Fähigkeiten und Ihrer Persönlichkeit, was zu einem authentischen und bedeutungsvollen Leben führt.

Indem Sie Ihre Fähigkeiten in den Alltag integrieren, werden Sie zu einer einzigartigen und wertvollen Kraft in der Welt. Ihr Beitrag sticht heraus, da er eine einzigartige Mischung aus Talent, Leidenschaft und Zweck ist. Sie werden die beste Version Ihrer selbst, und indem Sie dies tun, inspirieren Sie andere, dasselbe zu tun.

Setzen Sie Ihre Erkundung und Entwicklung Ihrer einzigartigen Fähigkeiten und Talente fort, denn sie sind die Mittel, durch die Sie Ihren Zweck erfüllen können und eine dauerhafte Spur in der Welt hinterlassen. Ihre Reise der Selbsterkenntnis und des Wachstums ist an sich ein Schatz, und Sie sind der Hüter dieses Schatzes, bereit, ihn mit der Welt zu teilen.

5

SICHT UND LEBENSZIELE

Träume groß, setze mutig Ziele und verfolge deine Vision mit Entschlossenheit. Der Zweck offenbart sich in der unermüdlichen Suche.

Auf der großen Bühne des Lebens sind die Vision und die Lebensziele die Drehbücher, die wir für uns selbst schreiben. Sie sind die leeren Seiten, auf denen wir unsere Rollen, Schauplätze und Handlungsstränge umreißen. Die Vision ist der Hauptplot, der der Erzählung Bedeutung verleiht, während die Ziele die Akte sind, die uns antreiben und ein unvergessliches Spektakel unseres Daseins schaffen.

Stell dir dein Leben vor wie eine Reise auf hoher See. Die Vision ist der Nordstern, ein helles Leuchtfeuer, das das Schiff durch die unbekannten Ozeane lenkt und ihm Richtung und Zweck gibt. Die Ziele sind die Segel, die den Wind einfangen und dich vorwärts treiben, in Richtung deiner Vision, um Stürme und Herausforderungen zu überwinden.

In diesem Kapitel tauchen wir tief in die Gewässer von Vision und Lebenszielen ein. Wir werden erkunden, wie eine klare Vision den Horizont des Daseins erhellen kann, wie gut gesteckte Ziele Träume in greifbare Realität verwandeln können und wie der Aktionsplan das Steuer ist, das uns auf Kurs hält. Lass uns durch diesen Ozean der

Möglichkeiten segeln, wo jede Welle eine Chance zur Verwirklichung ist und jede Flut eine Gelegenheit zum Wachstum bietet.

VISION: DEIN SCHICKSAL MALEN

Die Vision ist das Bild, wie du dein ideales Leben in der Zukunft siehst. Es ist eine klare und lebendige Darstellung dessen, wo du sein möchtest, was du erreichen möchtest und welchen Einfluss du auf die Welt haben möchtest. Die Vision verleiht unserer Existenz einen breiteren Zweck und hilft uns, auch vor Herausforderungen standhaft zu bleiben.

Die Klarheit der Vision

Eine Vision ist mehr als ein vager Traum; es ist ein scharfes mentales Bild unserer gewünschten Zukunft. Es ist eine lebendige Darstellung unserer Ambitionen, wer wir sein wollen und welches Erbe wir hinterlassen wollen. Je klarer und definierter dieses Bild ist, desto mächtiger ist sein Einfluss auf unser Leben.

Erkunden der Tiefen: Stelle dir dein Leben in fünf, zehn oder zwanzig Jahren vor. Wie siehst du dich selbst? Was tust du? Mit wem bist du zusammen? Welchen Einfluss hast du auf die Welt? Tauche tief in diese Fragen ein, denn je tiefer du gehst, desto klarer wird es.

Dein Leben zeichnen: Genauso wie ein Künstler seine Farben und Pinsel sorgfältig auswählt, wähle die Elemente aus, die dein ideales Leben ausmachen. Zeichne jedes Detail davon, von deiner Karriere und Beziehungen bis hin zu deinem Lebensstil und deinem Beitrag zur Gesellschaft. Sei spezifisch, sei detailliert.

Deine Ziele konkretisieren: Die Vision geht nicht nur um das endgültige Ziel; es geht auch um den Weg dorthin. Welche spezifischen Ziele und Aufgaben musst du erreichen, um diese Vision Wirklichkeit werden zu lassen? Mache aus diesen Zielen klare und erreichbare Schritte.

Das Erbe, das du hinterlassen möchtest: Frage dich nach dem Erbe, das du hinterlassen möchtest. Welche Spuren möchtest du in der Welt hinterlassen? Wie möchtest du in Erinnerung bleiben? Visualisiere die Leben, die du berührt hast, und die Veränderungen, die du bewirkt hast.

Die Alchemie der vision in Aktion

Eine Vision ohne Handlung ist wie eine Leinwand ohne Farbe, schön, aber leer. Die Vision in die Realität umzusetzen, erfordert eine besondere Alchemie: die Alchemie der Aktion.

Strukturierter Aktionsplan: Jedes Ziel in deiner Vision benötigt einen detaillierten Aktionsplan. Was sind die spezifischen Schritte, die du unternehmen musst? Wie wirst du deinen Fortschritt messen? Ein klarer Plan ist die Skizze deines Meisterwerks.

Disziplin und Ausdauer: Genau wie ein Maler Disziplin benötigt, um Stunden in seine Kunst zu investieren, benötigst du Disziplin, um deinem Aktionsplan zu folgen. Ausdauer ist die Farbe, die deiner Vision Leben einhaucht.

Anpassungsfähigkeit und Flexibilität: Manchmal ändert sich das Bild unseres Lebens. Es ist wichtig, flexibel und anpassungsfähig zu sein, den Aktionsplan bei Bedarf anzupassen, ohne die Vision aus den Augen zu verlieren.

Feiern der Erfolge: Jeder Pinselstrich im Bild deiner Vision verdient es, gefeiert zu werden. Anerkenne und feiere deine Erfolge, nicht nur das fertige Bild.

Die Vision ist der Kompass unserer Reise. Sie gibt uns einen Bezugspunkt, hilft uns durch das Unbekannte zu navigieren und standhaft zu bleiben, wenn die Wellen stürmisch sind. Mit einer klaren Vision und einem soliden Aktionsplan sind wir bereit, auf dem weiten Ozean des Lebens zu segeln, auf Kurs zu einem Horizont der Erfüllung. Die Handlung ist der Pinsel, der dem Bild Leben verleiht; sie ist die Art und Weise, wie wir unsere Geschichte formen und unsere Spuren im großen Theater des Lebens hinterlassen.

LEBENSZIELE: DIE MARKER DES FORTSCHRITTS

Lebensziele sind die Leuchttürme, die unseren Weg in Richtung der Vision einer gewünschten Zukunft erhellen.

Wenn die Vision das Ziel ist, sind die Ziele die Schritte, die uns dorthin bringen, die Meilensteine, die uns auf dem richtigen Weg halten. Sie verwandeln die abstrakte Vision in greifbare Aufgaben und Aktionen und machen sie so erreichbarer.

Festlegung von bedeutsamen Zielen

Ein bedeutsames Ziel ist die Grundlage des Erfolgs. Es muss SMART sein: spezifisch, messbar, erreichbar, relevant und zeitgebunden. Jedes Ziel muss perfekt auf die Vision abgestimmt sein, die wir für die Zukunft entworfen haben. Zum Beispiel, wenn Ihre Vision ist, beruflich erfolgreich zu sein, könnte ein SMART-Ziel lauten: "Erwerben einer relevanten beruflichen Zertifizierung in den nächsten zwei Jahren".

Spezifisch: Ein klares Ziel ist wie ein definierter Zielpunkt. Es muss detailliert und präzise sein, damit Sie genau wissen, was Sie erreichen müssen.

Messbar: Es ist entscheidend, dass Ihr Ziel messbar ist, damit Sie den Fortschritt verfolgen und verstehen können, wann Sie es erreicht haben.

Erreichbar: Das Ziel sollte herausfordernd, aber erreichbar sein. Es sollte im Rahmen Ihrer Möglichkeiten und realen Fähigkeiten liegen.

Relevant: Das Ziel sollte mit Ihrer Vision übereinstimmen und für Ihren Weg relevant sein. Es sollte innerhalb des größeren Rahmens sinnvoll sein.

Zeitgebunden: Jedes Ziel muss eine Frist haben. Dies schafft ein Gefühl der Dringlichkeit und hält Sie auf Kurs.

Die Widerstandsfähigkeit der Ziele

Ziele helfen uns nicht nur dabei, unsere Vision zu erreichen, sondern machen uns auch widerstandsfähiger. Indem wir auf dem Weg kleinere Ziele erreichen, erleben wir ein Gefühl des Erfolgs, das uns antreibt, auch wenn wir Herausforderungen gegenüberstehen.

Der Zyklus der Überprüfung und Anpassung

Ziele sind nicht statisch. Es ist wichtig, sie regelmäßig zu überprüfen, unseren Fortschritt zu bewerten und bei Bedarf Anpassungen vorzunehmen. Manchmal ändern sich unsere Umstände oder Prioritäten, und unsere Ziele müssen aktualisiert werden, um dies zu reflektieren.

DIE ROLLE DES ZWECKS BEI DER ERREICHUNG VON ZIELEN

Der Zweck ist die treibende Kraft hinter unseren Handlungen und Zielen. Es ist der Treibstoff, der uns antreibt, auch wenn wir vor Herausforderungen stehen. Lassen Sie uns verstehen, wie der Zweck mit unseren Zielen verflochten ist und wie er unsere Leistungsfähigkeit steigern kann.

Verbinden Sie Ihre Ziele mit Ihrem Zweck

Wenn Sie Ihre Ziele festlegen, bringen Sie sie mit Ihrem Lebenszweck in Verbindung. Stellen Sie sicher, dass jedes Ziel mit Ihren tiefsten Werten und Aspirationen übereinstimmt. Dies wird eine intrinsische Motivation bringen, die für die Ausdauer entscheidend ist.

Passen Sie den Kurs an, aber behalten Sie die Richtung bei

Manchmal können während der Reise unerwartete Hindernisse oder unerwartete Chancen auftreten. Es ist wichtig, die Flexibilität zu haben, unseren Fokus anzupassen, aber ohne das endgültige Ziel aus den Augen zu verlieren. Wichtig ist, dem Ziel treu zu bleiben, auch wenn die Route angepasst werden muss.

Verwenden Sie Ihren Zweck als Leitfaden für Entscheidungen

Wenn Sie vor Entscheidungen und Wahlmöglichkeiten stehen, konsultieren Sie Ihren Zweck. Fragen Sie sich, ob die betreffende Option im Einklang mit Ihren Lebenszielen steht. Dies hilft, den Fokus und die Richtung zu bewahren.

Verwandeln Sie Ihren Zweck in ein motivierendes Mantra

Internalisieren Sie Ihren Zweck und verwandeln Sie ihn in ein motivierendes Mantra. Wiederholen Sie es täglich für sich selbst. Wenn Sie sich Ihres Zwecks bewusst sind und ihn in Ihrem Geist lebendig halten, wird er zu einem konstanten Antrieb.

Teilen Sie Ihren Zweck

Teilen Sie Ihren Zweck mit vertrauenswürdigen Personen. Indem Sie dies tun, machen Sie sich für ihn verantwortlich und schaffen ein Unterstützungssystem, das Sie ermutigt, weiterzumachen. Feedback und positive Bestätigung stärken auch Ihre Entschlossenheit.

VISUALISIERUNG DER ZUKUNFT: DIE KRAFT DER MENTALEN EINBILDUNG

Die Visualisierung ist ein mächtiges Werkzeug, um Ihre Ziele und Lebensvision zu erreichen. Sie beinhaltet, sich klar vorzustellen, wie Sie Ihre Ziele erreichen und Ihre Vision in der Gegenwart in Ihrem Geist leben. Diese Praxis hilft dabei, den Fokus, die Motivation und das Vertrauen im Prozess der Zielerreichung aufrechtzuerhalten. Hier sind einige Praktiken der Visualisierung:

Tägliche Visualisierungssitzungen

Die Visualisierung zur täglichen Gewohnheit zu machen, ist entscheidend. Widmen Sie jeden Tag speziell Zeit, um sich mit Ihren Zielen und Ihrer Vision zu verbinden, und schaffen Sie einen heiligen Raum, in dem Sie tief in die Erfahrung der Verwirklichung eintauchen. Es ist wie eine Verabredung mit sich selbst, bei der Sie

Ihre Entschlossenheit erneuern und Ihre Vision am Leben erhalten.

Lebendige Details

Es ist entscheidend, beim Visualisieren klare und lebendige Details in Ihre mentale Szene einzufügen. Stellen Sie sich nicht nur vor, was Sie erreicht haben, sondern wie Sie sich fühlen, was Sie sehen, hören und sogar riechen. Je mehr Details Sie einbeziehen, desto realer und greifbarer wird Ihre Visualisierung, was sie effektiver macht.

Positive Emotionen

Emotionen sind der Treibstoff der Visualisierung. Wenn Sie sich vorstellen, Ihre Ziele zu erreichen und Ihre Vision zu leben, konzentrieren Sie sich auf die positiven Emotionen, die dieser Erfolg mit sich bringen würde. Spüren Sie die Freude, die Dankbarkeit, den Stolz und die Zufriedenheit. Lassen Sie diese Emotionen während Ihrer Visualisierung frei fließen, denn sie verleihen der mentalen Erfahrung Leben.

Bewusstes Handeln

Dieses mächtige Werkzeug des Geistes ist ein Weg, um Ihre Vision und Ziele in Ihrem Unterbewusstsein zu verankern und eine Synergie zwischen Ihren Wünschen und Ihren Handlungen zu schaffen. Wenn Sie sich bereits sehen, was Sie wollen, sind Sie eher bereit, voranzukommen und unermüdlich daran zu arbeiten, Ihre Visualisierungen in die Realität umzusetzen.

Wir haben ein weiteres Kapitel dieser Reise zur Entdeckung Ihres Lebenszwecks abgeschlossen. Sie haben gelernt, wie klare Visionen der Leuchtturm sind, der den Weg erleuchtet, und wie gut festgelegte Ziele die Meilensteine sind, die Sie auf dieser Reise führen.

Bewusstwerden Sie sich, dass Ihre Visionen und Ziele das Gerüst Ihrer persönlichen Geschichte sind, und es liegt an Ihnen, diese leeren Seiten mit Abenteuern und Erfolgen zu füllen. Ihre Vision ist das Versprechen der Zukunft, Ihre Ziele sind die Schritte, die Sie dorthin führen werden, und Ihr Zweck ist der Motor, der Sie antreibt.

Nun lade ich Sie ein, die nächste Etappe dieser faszinierenden Erforschung des Menschseins anzutreten. Im nächsten Kapitel werden wir tief in die Welt des positiven Einflusses eintauchen und wie unsere Handlungen die Welt um uns herum gestalten können.

Bereiten Sie sich darauf vor zu entdecken, wie Ihr Zweck nicht nur Ihr Leben, sondern auch das Leben anderer verändern kann und wie Sie zu einer bedeutsameren Welt beitragen können. Gemeinsam werden wir erkunden, wie man ein bleibendes Erbe hinterlassen kann und wie Ihre Entscheidungen und Handlungen das Potenzial haben, einen tiefen Einfluss zu haben.

Die Reise geht weiter, und die Bühne ist bereit, Sie in der nächsten Szene zu empfangen.

6

WIRKUNG UND BEITRAG ZUR WELT

Der Zweck blüht auf, wenn unsere Handlungen im Herzen der Menschheit widerhallen. Sei die Veränderung, die du in der Welt sehen möchtest.

Im Herzen unserer Erfahrung der Zweckentdeckung liegt die Suche nach etwas Größerem als wir selbst, etwas, das über unsere individuellen Bedürfnisse und Wünsche hinausgeht. Es geht um den intrinsischen Wunsch, einen dauerhaften Einfluss auf die Welt zu haben, etwas Bedeutendes beizutragen und ein Erbe zu hinterlassen, das weit über unsere eigene Existenz hinaus Bestand hat.

Jeder von uns ist Teil eines komplexen und miteinander verbundenen Gefüges der Menschheit. Seit Urzeiten sehnen sich die Menschen nach etwas mehr als bloßem Überleben. Wir leben in einer Gesellschaft, die gedeiht, wenn jeder von uns seine Talente und Fähigkeiten auf sinnvolle Weise einbringt. In dieser Interaktion finden wir die wahre Bedeutung unserer Existenz.

Fragen wie "Wie kann ich einen Unterschied machen?", "Wie kann ich zu einer besseren Welt beitragen?" und "Was ist meine Rolle im Fortschritt der Gesellschaft?" durchdringen oft unsere Gedanken. Die

Antwort auf diese Fragen ist oft mit unserem Lebenszweck verwoben.

In diesem Kapitel werden wir tief in die Erforschung von Wirkung und Beitrag zur Welt eintauchen. Wir werden untersuchen, wie unsere Handlungen, egal wie klein oder groß sie erscheinen mögen, einen Dominoeffekt positiver Veränderungen auslösen können, der durch die Zeit hindurch widerhallt. Wir werden entdecken, wie die Suche nach dem Sinn des Lebens nicht auf die Grenzen des 'Ich' beschränkt ist, sondern sich auf den angeborenen Wunsch erstreckt, ein dauerhaftes und positives Erbe zu hinterlassen.

ENTDECKEN, WIE DU EINEN UNTERSCHIED MACHEN KANNST

Der erste Schritt, um einen bedeutenden Einfluss auf die Welt auszuüben, besteht darin, herauszufinden, wie du einen Unterschied machen kannst. Dies beginnt mit einer tiefgreifenden Selbstreflexion und Überlegung zu deinen Leidenschaften, Fähigkeiten und Werten. Hier sind einige Möglichkeiten, um diesen Entdeckungsprozess zu beginnen:

Selbstkenntnis

Die Selbstkenntnis ist das Fundament jeder Entdeckung des Zwecks und des Einflusses. Es bedeutet zu verstehen, wer du auf einer fundamentalen Ebene bist, über die Oberfläche des täglichen Lebens hinausgehend und deine Leidenschaften, Motivationen und Neigungen untersuchend. Hier sind einige Wege, um deine Selbstkenntnis zu vertiefen:

Tiefe persönliche Reflexion: Nimm dir Zeit, um über deine Lebenserfahrungen nachzudenken, sowohl die positiven als auch die herausfordernden. Frage dich, welche Momente dich am meisten zufriedengestellt haben und warum. Dies kann wertvolle Erkenntnisse über deine Leidenschaften und intrinsische Motivationen offenbaren.

Achtsamkeitspraxis: Die Praxis der Achtsamkeit kann dir helfen, ein klareres Bewusstsein für deine Gedanken, Emotionen und Motivationen zu entwickeln. Indem du dir deiner Reaktionen und Impulse bewusster wirst, kannst du besser verstehen, was dich antreibt, und diesen Antrieb zum Guten lenken.

Konstruktiver innerer Dialog: Achte auf den inneren Dialog, den du mit dir selbst führst. Beachte die Botschaften, die du dir schickst, und wie sie deine Einstellungen und Handlungen beeinflussen. Kultiviere einen positiven und auf Wachstum ausgerichteten inneren Dialog.

Künstlerische oder kreative Exploration: Egal ob durch Schreiben, Kunst, Musik oder andere Formen kreativen Ausdrucks, erkunde deine Emotionen und Ideen. Oft sind unsere Leidenschaften und Motivationen mit unseren künstlerischen Ausdrucksformen verbunden.

Bewertung der Fähigkeiten

Deine einzigartigen Fähigkeiten und Talente sind die Werkzeuge, die du hast, um einen positiven Einfluss auf die Welt auszuüben. Sie zu identifizieren und zu verstehen, ist entscheidend, um herauszufinden, wie du einen Unterschied machen kannst. Hier sind Schritte zur Bewertung deiner Fähigkeiten:

Selbstbewertung der Fähigkeiten: Erstelle eine Liste von Fähigkeiten, von denen du glaubst, dass du sie besitzt. Dies kann technische Fähigkeiten, soziale Fähigkeiten, Führungsqualitäten und andere umfassen. Überlege, wie du diese Fähigkeiten einsetzen kannst, um zu Ursachen oder Problemen beizutragen, die dir am Herzen liegen.

Externe Rückmeldungen: Bitte Freunde, Kollegen oder Mentoren um Feedback zu deinen Fähigkeiten. Sie können Perspektiven anbieten, die du vielleicht nicht in Betracht gezogen hast, indem sie Fähigkeiten identifizieren, die du unterschätzt oder sogar nicht kennst.

Vergangene Erfahrungen: Reflektiere über vergangene Erfahrungen, sei es im beruflichen, akademischen oder persönlichen Bereich. Denke über Situationen nach, in denen du herausgestochen bist, und identifiziere die Fähigkeiten, die für diesen Erfolg entscheidend waren.

Definition von Werten

Die Werte, die du hast, sind die Prinzipien, die deine Entscheidungen und Handlungen leiten. Sie sind ein innerer Kompass, der dir hilft, deine Wirkung in eine Richtung zu lenken, die im Einklang mit dem steht, was für dich wirklich bedeutsam ist. Hier sind Möglichkeiten, deine Werte zu definieren:

Identifikation der Kernwerte: Erstelle eine Liste von Werten, die für dich am wichtigsten sind. Dies kann Dinge wie Integrität, Gleichheit, Freiheit, Gerechtigkeit und andere umfassen.

Priorisierung der Werte: Ordne deine Liste der Werte nach Priorität. Frage dich, welche Werte absolut entscheidend sind und welche sekundär sind.

Ausrichtung von Handlungen an Werten: Wenn du Entscheidungen triffst oder deine Beiträge zur Welt planst, überprüfe, ob sie im Einklang mit deinen prioritären Werten stehen. Dies stellt sicher, dass deine Wirkung authentisch und für dich bedeutungsvoll ist.

Erkundung von Leidenschaften

Die von dir identifizierten Leidenschaften sind eine wertvolle Quelle der Inspiration und Energie. Sie sind oft mit Bereichen verbunden, in denen du einen Unterschied machen kannst. Hier sind Möglichkeiten, deine Leidenschaften zu erkunden, um eine positive Wirkung zu erzielen:

Untersuchung entsprechender Anliegen: Recherchiere zu Organisationen, Gruppen oder Bewegungen, die in diesem Bereich tätig sind, für jede Leidenschaft, die du hast. Die Beteiligung an diesen Initiativen kann eine kraftvolle Möglichkeit sein, deine Leidenschaft in Aktion umzusetzen.

Zusammenarbeit mit anderen Begeisterten: Schließe dich Gruppen oder Gemeinschaften an, die deine Leidenschaften teilen. Durch die Zusammenarbeit mit anderen Menschen, die die gleiche Leidenschaft haben, kannst du deine kollektive Wirkung verstärken.

Initiierung persönlicher Projekte: Starte persönliche Projekte, die im Einklang mit deinen Leidenschaften stehen. Dies kann so einfach sein wie die Einrichtung eines Blogs zu einem Thema, das dich begeistert, oder die Organisation von Veranstaltungen, um das Bewusstsein für eine dir wichtige Angelegenheit zu schärfen.

Forschung und Lernen

Wissen ist ein mächtiges Werkzeug, um eine informierte und effektive Wirkung zu erzielen. Je mehr du über die Themen, die dich interessieren, und die Organisationen, die in diesem Bereich tätig sind, weißt, desto effektiver wird deine Wirkung sein. Hier sind Möglichkeiten, dein Lernen zu verbessern:

Kontinuierliches Lesen und Studieren: Lies Bücher, Artikel, Studien und Berichte zu den Anliegen, die dich interessieren. Bleibe auf dem neuesten Stand mit den neuesten Informationen und Forschungen.

Teilnahme an Workshops und Vorträgen: Nimm an Workshops, Seminaren und Vorträgen zu deinen Leidenschaften teil. Dies kann dein Verständnis erweitern und neue Perspektiven eröffnen.

Gespräche und Interviews: Sprich mit Experten, Aktivisten und Personen, die in den Bereichen arbeiten, die dich interessieren. Diese Gespräche können wertvolle Einblicke und Anleitung darüber geben, wie du einen Unterschied auf effektivere Weise machen kannst.

Die Entdeckung, wie du einen Unterschied machen kannst, ist eine fortlaufende und transformative Reise. Wenn du dich in dein Selbstverständnis vertiefst, deine Fähigkeiten bewertest, deine Werte definierst, deine Leidenschaften erkundest und dein Wissen erweiterst, wirst du in der Lage sein, eine bedeutende Wirkung auf die Welt zu erzielen. Dies ist der erste und entscheidende Schritt, um einen positiven und dauerhaften Einfluss auf die Gesellschaft und den Planeten zu hinterlassen.

IDENTIFIZIERUNG VON MÖGLICHKEITEN ZUR POSITIVEN BEITRAGSLEISTUNG

Die Identifizierung von Möglichkeiten zur positiven Beitragserbringung ist der entscheidende Schritt, der das Verständnis Ihres Potenzials für Auswirkungen in konkrete und transformative Handlungen umwandelt. Es ist die praktische Manifestation Ihres Wunsches, einen

Unterschied in der Welt zu machen. Lassen Sie uns verschiedene kraftvolle Möglichkeiten erkunden, wie Sie positiv und bedeutsam beitragen können:

Freiwilligenarbeit

Freiwilligenarbeit ist eine direkte Möglichkeit, sich in die Gemeinschaft einzubringen und sofortige Auswirkungen zu erzielen. Indem Sie Ihre Zeit und Fähigkeiten für lokale oder globale Organisationen einsetzen, die mit Ihren Leidenschaften in Einklang stehen, können Sie aktiv an den Veränderungen teilnehmen, die Sie in der Welt sehen möchten. Ob Sie Kinder unterrichten, an Umweltprojekten arbeiten oder Gesundheitsinitiativen unterstützen, Freiwilligenarbeit ist eine wertvolle Gelegenheit, einen Unterschied auf persönlicher und Gemeinschaftsebene zu machen.

Mentoring

Mentoring ist eine kraftvolle Möglichkeit, zur Zukunft beizutragen, insbesondere für junge Menschen. Das Teilen Ihrer Weisheit, Ihres Wissens und Ihrer Erfahrung mit anderen kann ihre Lebenswege auf bedeutsame Weise gestalten. Indem Sie Anleitung und Ratschläge anbieten, können Sie andere inspirieren und befähigen, ihre Ziele zu erreichen und positiv zur Gesellschaft beizutragen.

Philanthropie

Wenn Sie finanzielle Ressourcen zur Verfügung haben, ist Philanthropie eine effektive Möglichkeit, einen bedeutenden Einfluss zu erzielen. Spenden an gemeinnützige Organisationen oder Wohltätigkeitsorganisationen, die an Themen arbeiten, die Ihnen am Herzen liegen, ist eine direkte Möglichkeit, wichtige Initiativen zu unterstützen. Ihre finanzielle Unterstützung kann für viele wichtige Anliegen den Unterschied zwischen Erfolg und Kampf ausmachen.

Aktivismus und Einsatz für Anliegen

Wenn Sie sich für eine bestimmte Sache begeistern, ist Aktivismus eine Möglichkeit, einen Unterschied durch direkte Aktion zu machen. Die Teilnahme an friedlichen Protesten, das Unterzeichnen von Petitionen, Aufklärungskampagnen und die Beeinflussung von öffentlichen Richtlinien sind Möglichkeiten, die Gesellschaft positiv zu beeinflussen. Das Eintreten für das, woran Sie glauben, ist entscheidend, um eine gerechtere und ausgewogenere Welt zu schaffen.

Bildung und Bewusstseinsbildung

Das Teilen von Informationen und die Aufklärung anderer über wichtige Themen ist eine wertvolle Möglichkeit, zur Gesellschaft beizutragen. Das Schreiben von Artikeln, die Erstellung von Bildungsinhalten, das Halten von Vorträgen und die Beteiligung an Sensibilisierungsaktivitäten können das Bewusstsein für relevante Probleme schärfen und gemeinschaftliches Handeln inspirieren. Wissen ist ein mächtiges Werkzeug, um bedeutende Veränderungen zu fördern.

Soziales Unternehmertum

Wenn Sie eine innovative Idee haben, um ein soziales Problem anzugehen, ist soziales Unternehmertum ein kraftvoller Ansatz. Die Gründung eines Unternehmens, das sowohl auf Profit als auch auf sozialen Einfluss abzielt, kann eine effektive Möglichkeit sein, nachhaltig einen Unterschied zu machen. Innovative Lösungen können soziale Herausforderungen auf einzigartige Weise angehen und langfristige Auswirkungen schaffen.

WIE DER ZWECK MIT SOZIALEM UND PERSÖNLICHEM EINFLUSS VERBUNDEN IST

Der Zweck ist eine innere und tiefe Kraft, die unsere Reise antreibt, um sowohl auf persönlicher als auch auf sozialer Ebene eine positive Wirkung in der Welt zu erzielen. Die enge Verbindung zwischen Zweck und Einfluss ist eine kraftvolle Synergie, die unsere Fähigkeit zur Beitragserbringung für eine bessere Welt verstärkt. Lassen Sie uns umfassender erkunden, wie der Zweck sowohl auf individueller als auch auf kollektiver Ebene mit dem Einfluss verwoben ist.

Innere Motivation

Wenn wir im Einklang mit unserem Zweck leben, erleben wir eine Motivation, die aus unserem Innersten kommt. Diese Motivation ist intrinsisch, entspringt unseren Werten, Leidenschaften und Lebensvisionen. Im

Einklang mit unserem Zweck zu sein, macht uns widerstandsfähig, beständig und entschlossen, Hindernisse und Herausforderungen zu überwinden, die sich auf unserem Weg machen. Diese innere Kraft treibt uns an, auch wenn die Umstände schwierig werden, und ermöglicht es unserem Einfluss, dauerhaft und transformierend zu sein.

Klarheit der Richtung

Der Zweck bietet uns einen inneren Kompass, der unser Leben lenkt. Er gibt uns eine klare Richtung, indem er uns hilft, Ziele und Maßnahmen zu definieren, die mit dem Einfluss, den wir erzielen wollen, im Einklang stehen. Stellen Sie sich den Zweck als einen Leitstern vor, der den Weg vor uns beleuchtet. Dies ermöglicht es uns, fundierte und effektive Entscheidungen zu treffen und unsere Anstrengungen in Bereiche zu lenken, in denen unser Einfluss am bedeutendsten sein kann. Die Richtungsklarheit, die der Zweck bietet, ist entscheidend für gezielte und bewusste Aktionen, die einen wahrhaft transformierenden Einfluss haben.

Zufriedenheit und Erfüllung

Ein Unterschied nach unserem Zweck zu machen, bringt eine tiefe Zufriedenheit und ein Gefühl der Erfüllung mit sich. Jede Aktion, die im Einklang mit unserem Zweck steht, trägt zu unserer Lebensmission bei und vermittelt das Gefühl, dass wir unsere wahre Berufung erfüllen. Diese Erfüllung geht über oberflächlichen Erfolg hinaus; es ist ein Gefühl der erfüllten Bestimmung, eine intrinsische Freude, die entsteht, wenn wir zum Wohl anderer und der Gesellschaft beitragen. Es ist das befriedigende Gefühl zu wissen, dass wir ein bedeutendes Erbe in der Welt hinterlassen.

Erweiterte Einflussnahme

Wenn unser Zweck im Einklang mit dem Wohl anderer und der Gesellschaft steht, erweitert sich unser Einfluss exponentiell. Jede Aktion, die wir im Namen unseres Zwecks unternehmen, profitiert nicht nur uns selbst, sondern auch denen um uns herum und letztendlich der globalen Gemeinschaft. Der Zweck verbindet uns mit etwas Größerem als uns selbst und erweitert unseren positiven Einfluss auf die Welt. Unser Engagement für das Gemeinwohl überschreitet Grenzen und berührt Leben, und es inspiriert Veränderungen in einem Maßstab, der über unsere ursprüngliche Vorstellungskraft hinausgeht.

Wenn wir die tiefe Verbindung zwischen Zweck und sozialem sowie persönlichem Einfluss verstehen, erkennen wir, dass unser Zweck nicht nur um uns selbst geht. Es geht darum, unsere Talente, Leidenschaften und Energie einzusetzen, um zu etwas Größerem beizutragen. Es ist die unermüdliche Suche nach einem Leben, das nicht nur für uns selbst, sondern auch für andere bedeutsam ist.

ANDERE INSPIRIEREN, DAS GLEICHE ZU TUN

Eine der mächtigsten Möglichkeiten, einen Einfluss zu erzielen, besteht darin, andere zu inspirieren und zu motivieren, denselben Weg einzuschlagen. Unser Beispiel, unser Engagement und unsere Handlungen können das Feuer des Wandels in anderen entfachen. Indem wir unsere Geschichten und Erfolge teilen, können wir die Menschen in unserer Umgebung befähigen, sich an positiven Aktionen zu beteiligen. Diese Kaskade der Inspiration ist es, die eine wahre Bewegung des Wandels und des positiven Beitrags schafft.

Teilen Sie Ihre Reise

Das Teilen unserer Erfahrungen, Erfolge und Herausforderungen bei der Herstellung eines Unterschieds ist ein kraftvoller Weg, um die Gemeinschaft einzubeziehen. Indem wir unsere Reise erzählen, können wir zeigen, dass jeder einen positiven Einfluss haben kann, unabhängig von seinem anfänglichen Werdegang. Diese Weitergabe schafft eine inklusive und ermutigende Umgebung, die mehr Menschen dazu ermutigt, sich zu engagieren und an die Kraft kollektiven Handelns zu glauben.

Bauen Sie eine Gemeinschaft auf

Eine vereinte Gemeinschaft, die sich dem gemeinsamen Ziel verschrieben hat, einen positiven Einfluss zu erzielen, ist eine unaufhaltsame Kraft. Gemeinsam können wir viel mehr erreichen als alleine.

Durch den Aufbau von Netzwerken von Menschen, die sich mit einem ähnlichen Zweck identifizieren, können wir unsere Anstrengungen multiplizieren und ein Ökosystem des Wandels schaffen. Zusammenarbeit und Kooperation sind das Rückgrat jeder großen Transformation und eines lang anhaltenden Einflusses auf die Welt.

Der Wunsch, einen Unterschied zu machen, ist der Menschheit innewohnend. Wir alle streben danach, ein Erbe zu hinterlassen, etwas, das den Test der Zeit überdauert und die Welt zu einem besseren Ort macht. Möglichkeiten zu finden, positiv beizutragen, ist ein Weg, um diesen Wunsch wahr werden zu lassen.

In diesem Kapitel haben wir erkundet, wie man Möglichkeiten findet, einen Unterschied zu machen, Chancen zur Beitragserbringung identifiziert und wie der Zweck mit dem angestrebten Einfluss verbunden ist. Denken Sie daran, jede Handlung, egal wie klein sie erscheinen mag, hat die Kraft, Wellen des Wandels hervorzurufen. Dies ist der Moment, sich einem höheren Zweck zu verpflichten und seinen Teil dazu beizutragen, einen positiven Einfluss auf die Welt zu hinterlassen.

Der Weg, einen Einfluss zu erzielen, ist reich an Entdeckungen, kann aber auch herausfordernd sein. Im nächsten Kapitel werden wir Strategien und Erkenntnisse erkunden, um mit den möglichen Hindernissen in unserem Leben umzugehen. Wir werden lernen, mit Ängsten, Zweifeln und Rückschlägen umzugehen, die uns zögern lassen könnten. Gemeinsam werden wir Mut als unseren Verbündeten und Widerstandsfähigkeit als unseren Leitfaden annehmen.

7
ÜBERWINDEN VON HINDERNISSEN UND ÄNGSTEN

Angesichts von Herausforderungen liegt wahre Tapferkeit darin, seinen Weg fortzusetzen. Jedes Hindernis ist eine Gelegenheit zum Wachsen.

Auf dem Weg zur Erfüllung des Zwecks und zur Verwirklichung ist es unvermeidlich, dass wir auf Hindernisse und Ängste stoßen. Diese Barrieren können verschiedene Formen annehmen, von hartnäckigen Zweifeln bis hin zu praktischen Herausforderungen, und haben das Potenzial, uns daran zu hindern, unsere Ziele und den gewünschten Einfluss auf die Welt voranzutreiben. Es ist jedoch wichtig zu verstehen, dass diese Hindernisse und Ängste nicht unüberwindbar sind; sie sind Tests, die uns dazu herausfordern, zu wachsen, uns weiterzuentwickeln und widerstandsfähiger zu werden.

In diesem Kapitel werden wir Strategien erkunden, um Hindernisse und Ängste zu bewältigen, die auf unserem Weg zum Zweck und zur Erfüllung auftreten können. Indem wir verstehen, wie man mit diesen Herausforderungen umgeht, werden wir besser darauf vorbereitet sein, unsere Entschlossenheit aufrechtzuerhalten, kreative Lösungen zu finden und weiterhin in Richtung unserer Ziele voranzukommen.

VERSTEHEN UNSERER HINDERNISSE

Das Verständnis der Hindernisse ist entscheidend, um ihnen effektiv zu begegnen und sie in unserer Erfahrung auf dem Weg zum Zweck und zur Erfüllung zu überwinden. Eine eingehende Erforschung des Verständnisses der Hindernisse ist entscheidend, um zu lernen, wie man ihnen effektiv begegnet und sie überwindet. Lassen Sie uns die Analyse vertiefen, wie man diese Herausforderungen identifiziert und versteht, indem man sie in interne und externe Hindernisse kategorisiert:

Interne Hindernisse

Einige Hindernisse wurzeln in unseren eigenen Überzeugungen, Ängsten und selbst auferlegten Beschränkungen. Sie können Unsicherheiten, mangelndes Vertrauen oder Selbstsabotage sein. Das Erkennen und Bewältigen dieser internen Hindernisse ist entscheidend, um unser Potenzial freizusetzen.

Begrenzende Überzeugungen: Dies sind tief verwurzelte Überzeugungen, die uns daran hindern, unser volles Potenzial auszuschöpfen. Sie können die Vorstellung beinhalten, dass wir nicht gut genug sind oder dass der Erfolg außerhalb unserer Reichweite liegt.

Angst vor dem Versagen: Die Angst, nicht erfolgreich zu sein, kann lähmen und die Ergreifung wichtiger Initiativen verhindern. Diese Angst hängt oft mit dem Selbstbild und dem Selbstwertgefühl zusammen.

Selbstsabotage: Manchmal sabotieren wir unsere eigenen Bemühungen um Erfolg aufgrund selbstzerstörerischer Verhaltensmuster. Dies kann ein Spiegelbild von Unsicherheit oder Angst vor dem Unbekannten sein.

Mangelndes Vertrauen: Mangelndes Vertrauen in unsere Fähigkeiten kann ein großes Hindernis darstellen. Es kann das Ergebnis von negativen vergangenen Erfahrungen oder übermäßiger Selbstkritik sein.

Externe Hindernisse

Diese Hindernisse stammen aus unserer Umgebung, wie finanzielle Einschränkungen, Mangel an Ressourcen, physische Einschränkungen oder Widerstand von anderen Menschen. Die Identifizierung dieser Herausforderungen ist der erste Schritt, um sie strategisch zu überwinden.

Finanzielle Einschränkungen: Der Mangel an finanziellen Ressourcen kann ein erhebliches Hindernis darstellen. Dies kann unsere Optionen und den Umfang unserer Handlungen einschränken.

Mangel an Ressourcen: Der fehlende Zugang zu angemessenen Ressourcen wie Technologie, Materialien oder Informationen kann den Fortschritt bei unseren Zielen behindern.

Physische Einschränkungen: Gesundheitliche Probleme oder körperliche Beeinträchtigungen können erhebliche Hindernisse darstellen, die Anpassung und spezifische Strategien erfordern.

Externer Widerstand: Widerstand oder fehlende Unterstützung von anderen Menschen oder Institutionen können eine Herausforderung darstellen. Manchmal ist das soziale Umfeld möglicherweise nicht im Einklang mit unseren Zielen, was Hindernisse schafft.

ERKENNEN UNSERER TIEFLIEGENDEN ÄNGSTE

Neben den üblichen Hindernissen und Zweifeln stehen wir manchmal vor tief verwurzelten Ängsten auf unserem Weg zum Zweck hin. Diese Ängste können schwieriger zu überwinden sein, bieten aber auch die größten Chancen für Wachstum.

Angst vor dem Unbekannten

Die Angst vor dem Unbekannten ist eine mächtige Barriere, die unsere Handlungen in Richtung unseres Zwecks lähmen kann. Diese Angst resultiert aus der Unsicherheit darüber, was die Zukunft bringt, und kann zu Zögern führen, die notwendigen Schritte zu unternehmen, um unsere Ziele zu verfolgen.

Angst, andere zu enttäuschen

Die Angst, die Erwartungen nahestehender Menschen zu enttäuschen, kann lähmend sein. Der Wunsch, den Erwartungen anderer gerecht zu werden, kann verhindern, dass wir unseren eigenen Weg gehen und unseren authentischen Zweck verfolgen.

Angst vor sozialer Beurteilung

Die Angst vor sozialer Beurteilung kann überwältigend sein. Die Furcht davor, falsch verstanden oder kritisiert zu werden, kann zur Konformität anstelle des authentischen Verfolgens des Zwecks führen.

Angst vor dem Verlassen der Komfortzone

Die Komfortzone repräsentiert Sicherheit und Vertrautheit, ist aber selten der Ort, an dem signifikantes Wachstum stattfindet. Die Angst davor, diese Zone zu verlassen, kann die Verfolgung des Zwecks und die volle Erfüllung verhindern.

Widerstand gegen Veränderung

Die Komfortzone repräsentiert Sicherheit und Vertrautheit, ist aber selten der Ort, an dem signifikantes Wachstum stattfindet. Die Angst davor, diese Zone zu verlassen, kann die Verfolgung des Zwecks und die volle Erfüllung verhindern.

Das Verständnis und die Bewältigung dieser tief verwurzelten Ängste sind entscheidend, um auf unserer Reise zum Zweck voranzukommen. Indem wir wirksame

Strategien anwenden, um Ihre Ängste zu erkennen und zu überwinden, können wir mit Entschlossenheit vorangehen und diese Ängste in Treiber für Wachstum und Selbsterkenntnis verwandeln.

UMGANG MIT DEN ÄNGSTEN, DIE DIE ENTDECKUNG DES ZWECKS VERHINDERN KÖNNEN

Mit den Ängsten umzugehen, die die Entdeckung des Zwecks behindern können, ist ein entscheidender Teil des Wegs zur persönlichen Verwirklichung. Diese Ängste können sich auf verschiedene Arten präsentieren und von Person zu Person variieren, aber es ist entscheidend, sie bewusst und strategisch anzugehen, um unser Potenzial freizusetzen und unsere Ziele zu verfolgen. Lassen Sie uns mehr darüber erfahren, wie man mit diesen Ängsten umgeht:

Identifikation und Anerkennung der Ängste

Bevor man sich jeder Angst stellt, ist es entscheidend, sie zu identifizieren und vollständig anzuerkennen. Oft sind Ängste im Unterbewusstsein verwurzelt, und indem wir sie ins Bewusstsein bringen, machen wir den ersten Schritt, um sie zu überwinden.

Tiefe Selbstreflexion: Nehmen Sie sich Zeit, um über Ihre Ängste nachzudenken. Analysieren Sie die Situationen, die sie auslösen, und wie sie Ihre Entscheidungen beeinflussen.

Ein Tagebuch führen: Notieren Sie täglich Ihre Ängste. Dies hilft dabei, sie greifbarer zu machen und den Prozess des Verstehens zu erleichtern.

Akzeptanz der Angst

Die Akzeptanz, dass Sie Ängste haben, ist ein entscheidender Schritt, um sie zu überwinden. Die Leugnung oder Unterdrückung von Ängsten kann sie nur vertiefen. Akzeptanz ist der erste Schritt zur Überwindung.

Praxis der Akzeptanz: Erkennen Sie an, dass Angst ein natürliche Reaktion ist, und es ist in Ordnung, sie zu erleben.

Achtsamkeit und Meditation: Praktiken wie Achtsamkeit helfen dabei, Emotionen und Gedanken, einschließlich der Angst, ohne Urteil anzunehmen.

Herausforderung begrenzender Überzeugungen

Oft basieren Ängste auf begrenzenden Überzeugungen, die uns im Laufe des Lebens vermittelt wurden. Die Herausforderung dieser Überzeugungen ist entscheidend, um die mit ihnen verbundenen Ängste zu überwinden.

Systematisches Hinterfragen: Hinterfragen Sie die Gültigkeit und den Ursprung Ihrer begrenzenden Überzeugungen. Fragen Sie sich, ob diese Überzeugungen wirklich wahr sind oder ob sie durch vergangene Erfahrungen geformt wurden.

Aufbau neuer, stärkender Überzeugungen: Ersetzen Sie begrenzende Überzeugungen durch solche, die Sie befähigen und Sie in Richtung Ihres Zwecks antreiben.

Allmähliche Exposition

Um Ängste zu überwinden, ist es wichtig, sie allmählich und fortschreitend anzugehen. Das Vermeiden von Ängsten verstärkt nur ihre Präsenz.

Expositionshierarchie: Erstellen Sie eine Hierarchie von Situationen, die mit Ihrer Angst zusammenhängen, beginnend mit den am wenigsten gefürchteten und fortschreitend zu den herausforderndsten.

Feiern Sie Ihre Erfolge: Nach jeder erfolgreich bewältigten Etappe feiern Sie Ihren Fortschritt, um die Idee zu festigen, dass Sie Ihre Ängste überwinden können.

Wechsel der Perspektive

Reflektieren Sie über Ängste auf kreative Weise. Oft kann eine Herausforderung eine getarnte Gelegenheit sein. Indem wir unsere Perspektive ändern, können wir innovative Lösungen finden.

Übung der Entkoppelung: Lernen Sie, sich vom gewünschten Ergebnis zu lösen und sich auf den Prozess zu konzentrieren, um den mit Herausforderungen verbundenen Druck und Ängste zu reduzieren.

Herausforderungen als Chancen neu rahmen: Die Betrachtung von Herausforderungen als Lerngelegenheiten kann unsere Perspektive verändern und uns helfen, zu wachsen und Lösungen zu finden.

Suche nach Unterstützung und Anleitung

In vielen Fällen ist es hilfreich, professionelle Anleitung oder Unterstützung von vertrauenswürdigen Personen zu suchen. Ein Therapeut, Mentor oder vertrauenswürdiger Freund kann wertvolle Einblicke und Ermutigungen bieten.

Therapie: Erwägen Sie eine Therapie, um tief verwurzelte Ängste zu bearbeiten und spezifische Werkzeuge zur Überwindung derselben zu erlangen.

Vertrauensvolles Teilen: Das Teilen Ihrer Ängste mit einer vertrauenswürdigen Person kann die emotionale Belastung lindern und externe Perspektiven bieten.

Der Umgang mit Ängsten, die die Entdeckung des Zwecks behindern können, ist ein wesentlicher Aspekt der persönlichen Entwicklung. Das Verstehen, Akzeptieren und bewusste und strategische Konfrontieren unserer Ängste ermöglicht es uns, mit Zuversicht und Entschlossenheit in Richtung unseres Zwecks voranzukommen. Indem wir Ängste konfrontieren, fordern wir unsere eigenen Grenzen heraus, wachsen und werden widerstandsfähiger.

DIE BEDEUTUNG VON WIDERSTANDSFÄHIGKEIT AUF DEM WEG ZUM ZWECK

Widerstandsfähigkeit ist eine Eigenschaft, die Sie in Ihrer Suche nach Ihrem Zweck unterstützt und antreibt. Ohne sie können Herausforderungen Sie entmutigen und Sie von Ihrem Weg abbringen. Hier ist, wie die Widerstandsfähigkeit für die Reise zum Zweck entscheidend ist:

Hält Sie auf Kurs

Widerstandsfähigkeit ist wie ein solides Fundament, das Ihre Suche nach dem Zweck trägt. Wenn Hindernisse auftauchen, ist es leicht, vom Weg abzukommen. Die Widerstandsfähigkeit hält Sie jedoch standhaft und konzentriert auf Ihre Ziele. Anstatt sich von den Herausforderungen entmutigen zu lassen, sehen Sie in ihnen eine Gelegenheit zum Wachsen und Stärkerwerden.

Man lernt aus Misserfolgen

Das Leben ist voller Herausforderungen und oft auch von Misserfolgen. Die Widerstandsfähigkeit ermöglicht es Ihnen, Misserfolge als wertvolle Lektionen zu sehen. Jedes überwundene Hindernis, jede Niederlage ist eine Gelegenheit zum Lernen, Wachsen und Verbessern Ihrer Strategien. Anstatt besiegt zu werden, stehen Sie gestärkt auf.

Fördert die Ausdauer

Der Weg zum Zweck ist kein gerader und einfacher Weg. Es wird schwierige und herausfordernde Zeiten geben. Widerstandsfähigkeit ist das, was Ihre Ausdauer aufrechterhält, auch wenn die Dinge unmöglich erscheinen. Sie glauben daran, dass Sie mit kontinuierlicher Anstrengung, auch in den schwierigsten Zeiten, jedes Hindernis überwinden können, das sich Ihnen in den Weg stellt.

Fördert das Selbstvertrauen

Die Widerstandsfähigkeit hat eine positive Wirkung auf Ihr Selbstvertrauen. Wenn Sie Widrigkeiten überwinden und Herausforderungen mutig begegnen, steigt Ihr Vertrauen in Ihre Fähigkeiten. Sie beginnen zu glauben, dass Sie jede Situation meistern können, so herausfordernd sie auch sein mag. Selbstvertrauen ist entscheidend, um auf Ihr Ziel hinzuarbeiten, auch wenn es schwierig wird.

Entwickelt die Anpassungsfähigkeit

Widerstandsfähigkeit geht nicht nur darum, zu überwinden, sondern auch darum, sich anzupassen. Manchmal laufen die Dinge nicht wie geplant, und hier zeigt sich die Widerstandsfähigkeit. Sie hilft Ihnen, sich anzupassen, neue Strategien zu finden, Ziele neu zu definieren und Ihre Reise fortzusetzen, auch angesichts unerwarteter Veränderungen.

Stärkt zwischenmenschliche Beziehungen

Widerstandsfähigkeit ist kein einsamer Weg. Sie stärkt Ihre Beziehungen zu anderen Menschen. Wenn Sie Herausforderungen meistern und von ihnen lernen, können Sie diese Erfahrungen auch mit anderen teilen, sich gegenseitig in ihren jeweiligen Geschichten auf der Suche nach ihrem Zweck inspirieren und unterstützen.

"In dieser Reise zum Zweck sind Sie in die tiefen Gewässer der Widerstandsfähigkeit eingetaucht, haben Stürme getrotzt und unbekannte Meere erkundet. Die Hindernisse und Ängste, die Ihren Weg gekreuzt haben, waren kein Gegner für Ihre Entschlossenheit und innere Stärke. Die Widerstandsfähigkeit erwies sich als Ihre Verbündete, und Sie sind stärker, weiser und besser vorbereitet für das, was kommen wird.

Jede überwundene Herausforderung war eine Stufe in Ihrem Aufstieg, formte Ihr Verständnis und beleuchtete den dunklen Pfad. Die Misserfolge waren keine Niederlagen, sondern wertvolle Lektionen, die das Leben Ihnen großzügig angeboten hat. Glauben Sie mir, Sie sind bereit für den nächsten Schritt, für das nächste Kapitel Ihres Lebens.

Wie Sterne, die am Himmel stehen, spielen Beziehungen und menschliche Verbindungen eine entscheidende Rolle in unserer Suche nach Zweck und Bedeutung. Sie sind die unsichtbaren Fäden, die das Gewebe unserer Existenz weben. Im nächsten Kapitel werden wir erkunden, wie diese Verbindungen unseren

Weg beleuchten können, wie sie unser Leben formen und wie wir durch sie einen tieferen Zweck erreichen können.

Bereiten Sie sich darauf vor, die Kraft menschlicher Bindungen zu entdecken, um zu verstehen, wie unsere täglichen Interaktionen das Potenzial haben, die Welt zu verändern und unseren eigenen Weg zu bereichern. Machen Sie sich bereit für die Suche nach authentischen Verbindungen und Beziehungen, die die Seele nähren.

Das nächste Kapitel verspricht eine bereichernde Erfahrung des Verstehens und Wachsens. Jetzt ist die Zeit, Ihre Reise fortzusetzen, und die Horizonte bedeutungsvoller Beziehungen zu erkunden. Vorwärts!

8

VERBINDUNGEN UND BEDEUTENDE BEZIEHUNGEN

Unser Leben gewinnt lebendige Farben, wenn es mit anderen geteilt wird. In diesen Verbindungen finden wir Zweck und Liebe.

In der großen Show des Lebens sind Beziehungen und menschliche Verbindungen die Sterne, die die Bühne beleuchten. Unsere Existenz ist verwoben mit unsichtbaren Fäden, die uns mit anderen Menschen verbinden, von denen jeder eine einzigartige Geschichte, vielfältige Perspektiven und ein grenzenloses Potenzial mitbringt, um unser Leben auf tiefgreifende Weise zu beeinflussen.

Dieses Kapitel ist eine tiefe Erforschung der Magie der Beziehungen, wie sie unsere Suche nach Zweck formen und unserem Leben Farbe und Textur verleihen. Es sind Beziehungen, die uns herausfordern, inspirieren und unterstützen, und durch sie finden wir einen tieferen Sinn in unserem Weg.

Lassen Sie uns in diese Welt der Verbindungen und Beziehungen eintauchen, wo jede Begegnung eine Wendung in der Geschichte unseres Lebens sein kann, wo jede Freundschaft ein Kapitel des Wachstums und der Entdeckung sein kann. Wir stehen kurz davor zu enthüllen, wie uns diese Verbindungen erheben können, wie sie uns über uns selbst und über den Zweck, den wir suchen, unterrichten können.

Hier werden wir entdecken, dass unser Weg nicht einsam ist, sondern vielmehr ein kollektiver Tanz, bei dem andere unsere Tanzpartner sind. Wir werden lernen zu führen, zu folgen, sich an die verschiedenen Rhythmen und Melodien anzupassen, die jede Beziehung mit sich bringt. Denn letztendlich sind es diese Beziehungen, die unserer Erzählung Leben einhauchen, die unsere Existenz mit Emotion und Bedeutung füllen.

WIE BEZIEHUNGEN IHREN ZWECK BEEINFLUSSEN KÖNNEN

Beziehungen sind wie ein Tanz, eine komplexe Choreografie von Interaktionen, Emotionen und Austausch. Jede Person, mit der wir uns verbinden, bringt einen unterschiedlichen Rhythmus, eine einzigartige Energie in diesen Tanz. Diese Verbindungen formen, wer wir sind und wie wir die Welt sehen. Sie fordern uns heraus, unterstützen uns und helfen uns beim Wachsen.

Unsere Verbindungen sind nicht nur flüchtige Begegnungen, sondern auch mächtige Katalysatoren, die unsere Reise zum Zweck beeinflussen. Beziehungen beeinflussen unsere Denkweise, unsere Entscheidungen und unsere Wahrnehmung der Welt. Sie können uns vorwärts treiben oder an einem Ort festhalten, abhängig von der Qualität und Natur dieser Interaktionen.

Diejenigen um uns herum können uns inspirieren, ermutigen und an uns glauben, wenn wir an unseren Fähigkeiten zweifeln. Sie können weise Führer sein, Ratschläge geben und ihre eigenen Erfahrungen teilen. Beziehungen können eine Quelle der Motivation sein und uns daran erinnern, unseren Zweck zu verfolgen, wenn es schwierig wird.

Seelenpflegende Beziehungen

Nicht alle Beziehungen haben die gleiche Wirkung. Einige sind oberflächlich, während andere tiefgreifend und transformierend sind. Beziehungen, die unsere Seele pflegen, sind diejenigen, die uns herausfordern zu wachsen, uns in unseren Zielen unterstützen und uns in schwierigen Zeiten stützen.

Authentizität und Verletzlichkeit: Bedeutsame Beziehungen basieren auf Authentizität und Verletzlichkeit. Es ist, wenn wir uns erlauben, wirklich zu sein, wer wir sind, mit all unseren Unvollkommenheiten, dass die tiefsten Bindungen entstehen. Indem wir authentisch sind, schaffen wir Raum für echte und bedeutungsvolle Beziehungen.

Empathie und Verständnis: Empathie ist der Klebstoff, der Beziehungen verbindet. Es ist die Fähigkeit, sich in die Lage des anderen zu versetzen, seine Emotionen zu verstehen und zu spüren. Durch die Förderung von Empathie schaffen wir stärkere und verständnisvollere Verbindungen, die unsere Reise zum Zweck bereichern.

Toxische Beziehungen

Genau wie Beziehungen uns heben können, können sie uns auch herunterziehen. Toxische Beziehungen sind wie Anker, die unseren Fortschritt zum Zweck behindern. Es ist entscheidend für unsere geistige Gesundheit, unser Wohlbefinden und unsere Erfüllung, diese Beziehungen zu erkennen und sich von ihnen zu lösen.

Erkennen von Anzeichen von Toxizität: Toxische Beziehungen können sich auf verschiedene Arten zeigen, einschließlich emotionaler Manipulation, Respektlosigkeit, mangelnder Unterstützung und ständiger Negativität. Die Anerkennung dieser Anzeichen ist der erste Schritt, um uns zu schützen.

Festlegen gesunder Grenzen: Ein wesentlicher Bestandteil der Aufrechterhaltung gesunder Beziehungen ist das Festlegen klarer Grenzen. Dies bedeutet, unsere Bedürfnisse und Erwartungen auf eine bestimmte Weise zu kommunizieren und zu lernen, Nein zu sagen, wenn etwas nicht im Einklang mit unserem Wohlbefinden steht.

Beziehungen sind der unsichtbare Stoff des Lebens, der uns miteinander verbindet, unsere Schicksale verbindet und einen unauslöschlichen Eindruck in unserer Geschichte hinterlässt. Unsere Suche nach Zweck wird durch diese Verbindungen bereichert und geleitet. Während wir durch das Leben gehen, erinnern wir uns daran, dass der Reichtum unserer Existenz in der Qualität der Beziehungen liegt, die wir aufbauen, und in der Positivität, die wir in die Welt bringen.

PFLEGEN VON VERBINDUNGEN, DIE IHRE SUCHE NACH ZWECK UNTERSTÜTZEN

Das Pflegen von Verbindungen, die Ihre Suche nach Zweck unterstützen, ist ein entscheidendes Element auf Ihrer Reise der Selbsterkenntnis und persönlichen Erfüllung. In diesem Kapitel werden wir Strategien und Erkenntnisse erkunden, um bedeutsame Beziehungen aufzubauen und zu pflegen, die Ihren Fortschritt in Richtung eines tieferen Zwecks vorantreiben. Diese Verbindungen können zu Freunden, Familie, Mentoren, Kollegen oder sogar zu spezifischen Gemeinschaften bestehen. Hier sind Möglichkeiten, Verbindungen zu pflegen, die Ihre Suche nach Zweck unterstützen:

Teilen Sie Ihre Reise mit vertrauenswürdigen Personen

Sich über Ihre Suche nach Zweck mit vertrauenswürdigen Personen auszutauschen, kann therapeutisch wirksam und äußerst motivierend sein. Das Teilen Ihrer Herausforderungen, Erfolge und Ziele kann wertvolle Perspektiven, Ratschläge und die notwendige Ermutigung bieten.

Suchen Sie Mentoring

Suchen Sie Mentoren oder Führer, die ihre eigenen Erfahrungen und Einblicke in die Suche nach Zweck teilen können. Sie können wertvolle Anleitung bieten, Ihre Annahmen in Frage stellen und dazu beitragen, Ihre Lebensziele sinnvoller zu gestalten.

Teilnahme an Unterstützungsgruppen

Die Integration in Gruppen mit ähnlichen Interessen und Zielen kann äußerst vorteilhaft sein. Diese Gemeinschaften bieten einen sicheren Raum zum Austausch von Erfahrungen, zur gegenseitigen Unterstützung und zur Zusammenarbeit, um gemeinsame Ziele zu erreichen.

Förderung authentischer Beziehungen

Pflegen Sie Beziehungen auf der Grundlage von Authentizität, in denen Sie wirklich Sie selbst sein können. Diese Verbindungen bieten bedingungslose Unterstützung und eine Umgebung, in der Sie Ihre Ideen und Emotionen ohne Urteile erkunden können.

Üben von Empathie und Verständnis

Um bedeutende Verbindungen aufrechtzuerhalten, ist es entscheidend, Empathie und Verständnis zu praktizieren. Verstehen Sie die Perspektiven und Bedürfnisse anderer, zeigen Sie echtes Interesse an ihren Leben und bieten Sie Unterstützung, wenn nötig.

Zur Förderung des Wachstums anderer beitragen

Anderen auf ihrer eigenen Reise des Zwecks zu helfen, kann stärkere und erfüllendere Bindungen schaffen. Bieten Sie Anleitung an, teilen Sie Ihre Erfahrungen und unterstützen Sie das Wachstum und den Erfolg anderer.

Investieren Sie Zeit und Energie in Beziehungen

Wie jede wertvolle Unternehmung erfordern bedeutsame Verbindungen Zeit und Mühe. Widmen Sie regelmäßig Zeit der Pflege wichtiger Beziehungen in Ihrem Leben, indem Sie in Kontakt bleiben und echtes Interesse zeigen.

Aufrechterhalten von offener und ehrlicher Kommunikation

Die Grundlage jeder bedeutsamen Verbindung ist offene und ehrliche Kommunikation. Teilen Sie Ihre Sorgen, Freuden, Herausforderungen und Erfolge transparent, um eine Atmosphäre des Vertrauens und gegenseitigen Verständnisses zu schaffen.

Das Pflegen von positiven und unterstützenden Verbindungen ist ein wesentlicher Schritt auf Ihrer Reise zur Entdeckung des Zwecks. Diese Verbindungen können die emotionale Unterstützung, die Anleitung und die Inspiration bieten, um Herausforderungen zu meistern, weiterhin auf Ihre Ziele hinzuarbeiten und einen tieferen Zweck im Leben zu erreichen.

Die Bedeutung von Mentoren und Führern im Prozess

Die Bedeutung von Mentoren und Führern im Prozess der Suche nach dem Zweck ist unschätzbar. Diese Personen spielen eine wesentliche Rolle, indem sie während des Prozesses der Selbstentdeckung und persönlichen Erfüllung Anleitung, Weisheit, Erfahrung und Ermutigung bieten. Hier sind detaillierte Möglichkeiten, wie Mentoren und Führer in diesem Prozess entscheidend sind:

Erfahrung und Weisheit

Mentoren und Führer verfügen oft über reiche Erfahrungen und Weisheit, die sie auf ihren eigenen Reisen gesammelt haben. Sie teilen wertvolle Geschichten und Lektionen, die helfen können, häufige Fehler zu vermeiden und die Komplexitäten des Weges zum Zweck zu meistern.

Persönliche Anleitung

Jede Erfahrung der Zweckentdeckung ist einzigartig, und Mentoren bieten eine individuelle Anleitung. Sie verstehen Ihre individuellen Bedürfnisse, Stärken, Schwächen und Ziele und passen ihre Ratschläge an, um Ihnen zu helfen, Ihre spezifischen Ziele zu erreichen.

Perspektive und Sicht

Mentoren bieten einen externen und objektiven Blick auf Ihr Leben und Ihre Bestrebungen. Sie können helfen, Muster, unterschätzte Talente und Chancen zu identifizieren, die Sie vielleicht nicht in Betracht gezogen haben, und Ihnen eine breitere Sicht auf Ihr Potenzial bieten.

Aufbau von Vertrauen

Mentoren und Führer ermutigen und helfen beim Aufbau Ihres Selbstvertrauens. Sie erkennen Ihre Erfolge an, auch wenn sie klein sind, und bieten konstruktives Feedback, das Ihr Wachstum und Ihr Selbstwertgefühl fördert.

Netzwerk und Chancen

Oftmals haben Mentoren ein breites Netzwerk und können Ihnen helfen, wertvolle Verbindungen herzustellen. Dies kann zu Lernmöglichkeiten, beruflichen Kooperationen und sogar zu Jobangeboten führen, die Ihren Zielen entsprechen.

Anregung und Motivation

In Zeiten von Zweifel oder Entmutigung bieten Mentoren Anregung und Motivation. Sie glauben an Sie, auch wenn Sie kämpfen, an sich selbst zu glauben, und erinnern Sie an Ihr Potenzial und Ihren Zweck.

Füllen von Wissenslücken

Mentoren verfügen oft über Fähigkeiten und Kenntnisse, die Ihre eigenen Lücken füllen können. Sie können Schulungen, praktische Anleitung und fachkundige Ratschläge anbieten, die für Ihre Entwicklung entscheidend sind.

Fokus und Verantwortlichkeit

Ein Mentor zu haben, bringt ein Gefühl der Verantwortlichkeit mit sich, Ihre Ziele und Bestrebungen zu erfüllen. Zu wissen, dass Sie jemanden haben, der Ihren Fortschritt verfolgt und Ihnen die Daumen drückt, ermutigt Sie, den Fokus und die Disziplin aufrechtzuerhalten.

Zusammenfassend ist die Anwesenheit von Mentoren und Führern für den Zweckfindungsprozess entscheidend, da sie einen zuverlässigen Kompass und wertvolle Unterstützung bieten, um Ihre Ziele zu erreichen und ein sinnvolles und erfülltes Leben zu entwickeln. Ihre Anleitung ist wie Leuchttürme, die den Weg erleuchten und Ihnen Klarheit und Richtung bieten, während Sie Ihren Zweck suchen.

Mit dem Wissen darüber, wie Beziehungen und Verbindungen unsere Suche nach dem Zweck formen und stärken können, sind Sie besser gerüstet als je zuvor, um das nächste Kapitel zu erkunden. Dort werden wir noch tiefer in diese faszinierende und herausfordernde Reise eintauchen, um Ihren Lebenszweck zu entdecken und zu gestalten.

Ich lade Sie ein, mit Neugier und Mut voranzukommen. Während wir voranschreiten, erinnern wir uns daran, dass unsere Beziehungen nicht nur das Gewebe unserer Existenz sind, sondern auch die Grundlage, auf der wir ein Leben mit Bedeutung und Zweck aufbauen können.

9

LEBEN IM EINKLANG MIT DEINEM ZWECK

Jeder gelebte Tag ist eine Seite einer epischen Geschichte, die du schreibst. Mach sie legendär.

Stell dir vor, jeden Morgen mit einem Gefühl von Begeisterung und Zweck aufzuwachen, wissend, dass jede Handlung, die du ausführst, im Einklang mit deinen tiefsten Werten und deiner Lebensvision steht. Das ist das Versprechen, im Einklang mit deinem Zweck zu leben. Es geht nicht nur darum, eine Vision zu haben oder Ziele zu setzen; es geht darum, diese Vision in jedem Aspekt deines Daseins zu verkörpern.

Unser Weg zum Zweck erreicht in diesem Kapitel einen entscheidenden Punkt. In den vorherigen Kapiteln haben wir unsere Leidenschaften entdeckt, unsere Ziele definiert, Herausforderungen gemeistert und bedeutungsvolle Beziehungen gepflegt. Jetzt ist es an der Zeit, den letzten und entscheidenden Schritt zu gehen: im Einklang mit unserem Zweck zu leben. Dies ist ein Schritt, der Theorien und Bestrebungen in eine konkrete Realität umsetzt.

Im Einklang mit deinem Zweck zu leben, ist eine Einladung zu einem bedeutungsvolleren, erfüllenderen und authentischeren Leben. Es ist ein kontinuierlicher Weg, der ständige Reflexion, Selbstbewusstsein und bewusstes Handeln erfordert. Im Verlauf dieses Kapitels werden wir das Warum und das Wie dieser Suche erkunden und praktische Einblicke bieten, um deine Vision in jeden Tag deines Lebens zu integrieren.

DIE BEDEUTUNG DES LEBENS MIT ZWECK

Das Leben mit Zweck ist reicher, bedeutungsvoller und erfüllender. Wenn wir im Einklang mit unserem Zweck leben, hat jeder Tag eine tiefere Bedeutung. Jede Handlung, die wir unternehmen, sei sie groß oder klein, steht im Einklang mit unserer Vision und trägt zum größeren Wohl bei.

Ausrichtung und Klarheit

Ein Zweck zu haben, bietet einen Kompass, um deine Handlungen und Entscheidungen zu lenken. Dies schafft Klarheit darüber, was für dich am bedeutsamsten ist, und ermöglicht es dir, deine Energie auf das zu konzentrieren, was wirklich zählt.

Zufriedenheit und persönliche Erfüllung

Im Einklang mit dem Zweck zu leben, bringt ein tiefes Gefühl der Zufriedenheit mit sich. Die Gewissheit, dass du das tust, wozu du auf dieser Welt bestimmt bist, erzeugt ein erfüllendes Gefühl, das schwer zu übertreffen ist.

Widerstandsfähigkeit

Im Einklang mit deinem Zweck zu sein, macht dich widerstandsfähiger gegenüber den Widrigkeiten des Lebens. Schwierigkeiten werden als Herausforderungen gesehen, die überwunden werden können, anstatt als unüberwindliche Hindernisse.

Nachhaltige Auswirkungen

Im Einklang mit dem Zweck zu leben, ermöglicht es dir, nachhaltige Auswirkungen in der Welt zu erzielen. Deine Handlungen haben eine Bedeutung, die über deine eigene Existenz hinausgeht, und hinterlassen ein Erbe, das fortbesteht.

Verbundenheit mit anderen

Einen Zweck zu haben, bedeutet oft, zu etwas Größerem als du beizutragen, was eine tiefere Verbindung zu anderen Menschen schafft. Dies führt zu bedeutsameren Beziehungen und bereichernden Zusammenarbeiten.

Definition persönlichen Erfolgs

Im Einklang mit deinem Zweck zu leben, hilft dabei, zu definieren, was Erfolg für dich bedeutet. Es geht nicht nur um materielle Errungenschaften, sondern darum, sich erfüllt zu fühlen, indem man einen bedeutenden Unterschied macht.

Langlebigkeit und psychische Gesundheit

Studien zeigen, dass Menschen, die im Einklang mit ihrem Zweck leben, eine bessere psychische Gesundheit und sogar ein längeres Leben haben. Ein Lebenszweck steht im Zusammenhang mit geringeren Stress- und Depressionsniveaus.

Zusammenfassend ist das Leben im Einklang mit dem Zweck mehr als nur eine Wahl; es ist eine Lebensweise, die dein Dasein in eine Reise mit Bedeutung, Leidenschaft und Einfluss verwandelt. Es ist der Schlüssel zu einem authentischen und erfüllenden Leben.

INTEGRIERUNG DES ZWECKS IN IHREN TÄGLICHEN TAGESABLAUF

Um im Einklang mit Ihrem Zweck zu leben, ist es entscheidend, diesen in den Alltag zu integrieren. Dies erfordert eine bewusste Bewertung Ihrer Handlungen und Entscheidungen, um sicherzustellen, dass sie mit Ihrer Lebensvision übereinstimmen. Hier sind Möglichkeiten, Ihren Zweck in Ihren Alltag zu integrieren:

Setzen Sie Ziele, die Ihren Zweck widerspiegeln

Berufsziele: Wenn Ihr Zweck darin besteht, einen bedeutenden Unterschied in Ihrer Karriere zu machen, setzen Sie Ziele, die damit im Einklang stehen. Dies könnte bedeuten, Ihre berufliche Laufbahn voranzutreiben, ein Unternehmen zu gründen, das Ihrer

Mission entspricht, oder durch Ihre Arbeit zu bestimmten Zwecken beizutragen.

Persönliche Ziele: Genauso sollten Ihre persönlichen Ziele Ihren Zweck widerspiegeln. Dies könnte Gesundheitsziele, persönliche Entwicklung, Beiträge zur Gemeinschaft und vieles mehr umfassen.

Integrieren Sie den Zweck in Ihren Lebensstil

Tägliche Routine: Gestalten Sie eine tägliche Routine, die Aktivitäten rund um Ihren Zweck einschließt. Dies könnte Zeit für bedeutende Projekte, ehrenamtliche Arbeit oder Praktiken beinhalten, die Ihnen helfen, sich mit Ihrer Lebensvision zu verbinden.

Entscheidungsfindung: Wenn Sie Entscheidungen treffen, insbesondere die wichtigen, fragen Sie sich, ob sie mit Ihrem Zweck im Einklang stehen. Dies hilft Ihnen, die richtige Richtung in Ihrem Leben zu halten.

Üben Sie Dankbarkeit

Nehmen Sie sich täglich Zeit, um über die Dinge nachzudenken, für die Sie in Bezug auf Ihren Zweck dankbar sind. Dankbar zu sein für den Fortschritt und die Gelegenheiten, die Sie in Richtung Ihres Zwecks bringen, stärkt Ihre Verbindung dazu.

Suchen Sie nach ständiger Weiterbildung und Wachstum

Hören Sie niemals auf zu lernen und zu wachsen. Suchen Sie nach Wissen, nehmen Sie an Kursen teil, lesen

Sie Bücher, die mit Ihrem Zweck zu tun haben, und verbessern Sie ständig Ihre Fähigkeiten, um effektiver Ihrer Mission folgen zu können.

Passen Sie an, wenn nötig

Seien Sie offen für Anpassungen Ihrer Routine, während Sie Ihr Verständnis des Zwecks vertiefen. Wenn Sie wachsen und sich verändern, kann sich Ihr Zweck weiterentwickeln, und es ist wichtig, Ihre täglichen Praktiken entsprechend anzupassen.

Die Integration des Zwecks in Ihren täglichen Tagesablauf ist ein kontinuierlicher und dynamischer Prozess. Er erfordert Engagement, Selbstbewusstsein und Flexibilität, um sicherzustellen, dass Ihre täglichen Handlungen und Entscheidungen im Einklang mit dem stehen, was für Sie am bedeutendsten ist.

ENTSCHEIDUNGEN IM EINKLANG MIT IHREM ZWECK TREFFEN

Entscheidungen im Einklang mit Ihrem Zweck zu treffen, ist ein wesentlicher Aspekt eines authentischen und sinnvollen Lebens. Wenn Ihre Entscheidungen mit dem in Einklang stehen, was für Sie am wichtigsten ist, erleben Sie ein Gefühl von Integrität und Ausrichtung. Hier sind Strategien, um Sie bei diesem Prozess der Entscheidungsfindung im Einklang mit Ihrem Zweck zu unterstützen:

Klären Sie regelmäßig Ihren Zweck

Bevor Sie eine bedeutende Entscheidung treffen, bekräftigen und klären Sie Ihren Zweck. Stellen Sie sicher, dass Sie ein klares Verständnis dafür haben, was in diesem Lebensabschnitt wirklich wichtig für Sie ist.

Setzen Sie Ihre grundlegenden Werte fest

Identifizieren Sie die Werte, die im Zentrum Ihres Zwecks stehen. Es handelt sich um Überzeugungen und Grundsätze, die Ihre Handlungen leiten. Stellen Sie sicher, dass Ihre Entscheidungen im Einklang mit diesen Werten stehen.

Betrachten Sie die Auswirkungen auf Ihren Zweck

Bevor Sie entscheiden, reflektieren Sie darüber, wie sich jede Option auf Ihre Suche nach dem Zweck auswirken könnte. Fragen Sie sich, ob die Wahl Sie Ihren Zielen im Zusammenhang mit Ihrem Zweck näher bringt oder von ihnen entfernt.

Bewerten Sie Ihre Ziele und Ziele

Bevor Sie eine Entscheidung treffen, analysieren Sie Ihre kurz- und langfristigen Ziele. Stellen Sie sicher, dass die Wahl dazu beiträgt, diese Ziele zu erreichen, und mit Ihrem Zweck im Einklang steht.

Wägen Sie Vor- und Nachteile ab

Führen Sie eine gründliche Analyse der Vor- und Nachteile jeder Option durch. Dies kann Ihnen helfen, die

Auswirkungen jeder Wahl in Bezug auf Ihren Zweck zu visualisieren.

Hören Sie auf Ihre Intuition und innere Weisheit

Erlauben Sie Ihrer Intuition, eine Rolle in Ihren Entscheidungen zu spielen. Manchmal führt uns unsere Intuition in die richtige Richtung, insbesondere wenn sie im Einklang mit unserem Zweck steht.

Suchen Sie Rat bei vertrauenswürdigen Personen

Konsultieren Sie vertrauenswürdige Mentoren, Freunde oder Berater, wenn Sie vor wichtigen Entscheidungen stehen. Sie können wertvolle Perspektiven bieten und Ihnen helfen, Ihre Optionen im Licht Ihres Zwecks zu bewerten.

Praktizieren Sie Achtsamkeit bei der Entscheidungsfindung

Seien Sie bei der Entscheidungsfindung vollständig im Moment präsent. Seien Sie sich Ihrer Absichten und der möglichen Auswirkungen Ihrer Entscheidungen in Bezug auf Ihren Zweck bewusst.

Lernen Sie aus früheren Entscheidungen

Reflektieren Sie über Ihre vergangenen Entscheidungen und wie sie sich mit Ihrem Zweck in Einklang befanden. Nutzen Sie diese Erfahrungen, um Ihre zukünftigen Entscheidungen zu informieren und zu verbessern.

Übernehmen Sie Verantwortung für Ihre Entscheidungen

Erkennen Sie an, dass Sie für die Ergebnisse Ihrer Entscheidungen verantwortlich sind. Übernehmen Sie diese Verantwortung bewusst und integrieren Sie sie in Ihren Entscheidungsprozess.

Entscheidungen im Einklang mit Ihrem Zweck erfordern Bewusstsein, Reflexion und eine starke Verbindung zu dem, was für Sie wirklich bedeutsam ist. Es ist ein kontinuierlicher Feinabstimmungsprozess, der durch Übung und Vertiefung des Verständnisses Ihres Zwecks im Leben verbessert wird.

KREIEREN EINER UMGEBUNG, DIE IHREN LEBENSZWECK UNTERSTÜTZT

Die Beziehung zwischen der Umgebung, in der wir leben, und unserem Lebenszweck ist entscheidend. Die Umgebung, bestehend aus unserem Zuhause, Arbeitsplatz, Gemeinschaft und sozialem Umfeld, spielt eine bedeutende Rolle auf unserer Reise, um gemäß unserem Lebenszweck zu leben. Strategien zur Schaffung einer Umgebung, die Ihren Lebenszweck fördert und unterstützt:

Bewerten Sie Ihre aktuelle Umgebung

Nehmen Sie eine ehrliche Bewertung Ihrer aktuellen Umgebung vor, einschließlich Ihres Zuhauses,

Arbeitsplatzes und sozialen Umfelds. Identifizieren Sie Elemente, die mit Ihrem Lebenszweck im Einklang stehen, und solche, die Sie davon ablenken könnten.

Richten Sie Ihr Zuhause auf Ihren Lebenszweck aus

Organisieren und dekorieren Sie Ihr Zuhause so, dass es Ihre Werte und Lebensziele widerspiegelt. Dies kann Symbole, Farben und Gegenstände umfassen, die Sie inspirieren und an Ihren Lebenszweck erinnern.

Schaffen Sie inspirierende Räume

Reservieren Sie einen Raum in Ihrem Zuhause für Kontemplation, Meditation oder Reflexion. Dies kann ein Ort sein, an dem Sie sich mit Ihrem Lebenszweck verbinden und Inspiration finden.

Pflegen Sie positive Beziehungen

Pflegen Sie Beziehungen zu Menschen, die Ihre Werte und Lebensansichten unterstützen und teilen. Diese positiven Verbindungen stärken Ihr Engagement für Ihren Lebenszweck.

Nehmen Sie an ähnlichen Gemeinschaften teil

Beteiligen Sie sich an Gruppen, Organisationen oder Gemeinschaften, die mit Ihren Interessen und Ihrem Lebenszweck in Einklang stehen. Diese Umgebungen können Unterstützung und neue Wachstumschancen bieten.

Setzen Sie gesunde Grenzen

Lernen Sie, Nein zu sagen, wenn etwas nicht mit Ihrem Lebenszweck übereinstimmt. Setzen Sie Grenzen, die Ihre Zeit und Energie für das schützen, was wirklich wichtig ist.

Integrieren Sie Ihren Lebenszweck in Ihre Arbeit

Wählen Sie, wenn möglich, eine Karriere oder Berufung, die mit Ihrem Lebenszweck im Einklang steht. Wenn dies nicht möglich ist, finden Sie Möglichkeiten, Elemente Ihres Lebenszwecks in Ihren täglichen Aufgaben zu integrieren.

Vermeiden Sie negative Einflüsse

Verringern oder beseitigen Sie die Exposition gegenüber negativen Einflüssen wie giftigen Medien oder schädlichen Beziehungen. Diese Elemente können Ihren Lebenszweck untergraben und Ihre Entschlossenheit schwächen.

Praktizieren Sie Dankbarkeit und Achtsamkeit

Kultivieren Sie eine Praxis der Dankbarkeit und Achtsamkeit, um eine positive und auf den Lebenszweck ausgerichtete Perspektive zu bewahren. Erkennen Sie täglich die Segnungen und Chancen an, die mit Ihrem Weg im Einklang stehen.

Passen Sie Ihre Umgebung regelmäßig an

Seien Sie bereit, Ihre Umgebung anzupassen und anzupassen, während Sie sich auf Ihrem Weg des

Lebenszwecks entwickeln. Wenn sich Ihre Ziele und Lebensvision ändern, sollte Ihre Umgebung diese Veränderungen widerspiegeln.

Integrieren Sie die Natur in Ihre Umgebung

Integrieren Sie Elemente der Natur in Ihre Umgebung, wie Pflanzen, Tageslicht und von der Natur inspirierte Farben. Dies kann ein Gefühl von Balance und Verbindung mit Ihrem Lebenszweck vermitteln.

Die Schaffung einer Umgebung, die Ihren Lebenszweck unterstützt, ist eine bewusste Entscheidung, die Ihre Reise vorantreiben und Ihr Engagement für das, was für Sie am wichtigsten ist, aufrechterhalten kann. Die Harmonie zwischen Ihrem Lebenszweck und der Umgebung, in der Sie leben, kann Ihre Suche nach Erfüllung und wahrer Zufriedenheit verstärken.

DIE BEDEUTUNG DER STÄNDIGEN NEUBEWERTUNG

So wie das Leben ständigen Veränderungen unterworfen ist, kann sich auch Ihr Lebenszweck im Laufe der Zeit entwickeln. Es ist entscheidend, regelmäßige Überprüfungen durchzuführen, um sicherzustellen, dass Ihr Lebenszweck immer noch mit Ihnen und der Welt, in der Sie leben, in Einklang steht.

Regelmäßige Selbstbewertung

Nehmen Sie sich Zeit für eine Selbstbewertung und reflektieren Sie über Ihren Lebenszweck. Fragen Sie sich, ob er immer noch relevant ist, ob Ihre Ziele damit übereinstimmen und ob Ihre Handlungen zu Ihrer Verwirklichung beitragen.

Anpassung und Anpassung

Seien Sie offen für die Anpassung Ihres Lebenszwecks, während Sie wachsen, Erfahrungen sammeln und neue Perspektiven gewinnen. Der Lebenszweck ist nicht festgelegt, und es ist wichtig, dass er sich mit Ihnen weiterentwickeln kann.

Nach seinem Lebenszweck zu leben, ist mehr als eine Lebensentscheidung; es ist ein Engagement, das über den täglichen Ablauf hinausgeht. Es ist ein Aufruf, Ihre beste Version in die Welt zu bringen, geleitet von Leidenschaft, Werten und einer Vision, die nur Ihnen gehört. Indem Sie Ihren Lebenszweck in Ihren Alltag integrieren, Ihre Entscheidungen ausrichten und eine unterstützende Umgebung schaffen, ebnen Sie den Weg, der von Authentizität und Bedeutung erleuchtet ist.

Dieses Kapitel hat uns gezeigt, dass ein Leben mit einem Lebenszweck keine abstrakte Suche ist, sondern eine praktische Reise, die Selbstbewusstsein und bewusstes Handeln erfordert. Es gibt noch viel mehr zu erkunden in dieser faszinierenden Odyssee auf der Suche nach dem Lebenszweck. Im nächsten Kapitel werden wir tief in die Idee eintauchen, dass Herausforderungen und

Widrigkeiten keine zu vermeidenden Hindernisse sind, sondern Lernmöglichkeiten, die uns zu einem tieferen Verständnis von uns selbst und unserem Lebenszweck führen können.

Die Widrigkeiten lehren uns wertvolle Lektionen und liefern uns das Material, um unsere Widerstandsfähigkeit und Entschlossenheit zu schmieden. Es ist oft durch Kämpfe, dass wir die Perlen der Weisheit finden, die uns zu einem noch authentischeren Lebenszweck vorantreiben. Also verpassen Sie nicht das nächste Kapitel dieser bereichernden Erfahrung. Wir stehen kurz davor zu entdecken, wie wir Steine in Stufen und Herausforderungen in Katalysatoren für unsere Entwicklung verwandeln können.

10

LERNEN AUS DER ADVERSITÄT

In der Schule der Schwierigkeiten lernen wir wertvolle Lektionen. Jede Herausforderung ist ein Lehrer und jede Überwindung ein Abschluss.

Das Leben ist eine ständige Achterbahnfahrt mit ihren Höhen und Tiefen, ihren unerwarteten Wendungen. Auf dieser unvorhersehbaren Reise sehen wir uns unweigerlich mit herausfordernden Situationen, schmerzhaften Momenten und Rückschlägen konfrontiert, die uns oft ins Wanken bringen. Doch diese Zeiten der Adversität sind nicht einfach nur zu überwindende Hindernisse; sie sind getarnte Meister, voller wertvoller Lektionen, die unser Verständnis von uns selbst und von der Welt um uns herum vertiefen können.

In diesem Kapitel werden wir nicht nur lernen, wie wir die Stürme überstehen können, sondern auch, wie wir im Regen der Adversität tanzen, Weisheit aus den Kämpfen ziehen und Schwierigkeiten in eine anhaltende Quelle persönlichen Wachstums und Richtungsfindung in unserer Suche nach Sinn und Bedeutung verwandeln können.

Im Verlauf dieser Seiten werden wir untersuchen, wie die Adversität unsere Perspektive formen kann, unsere Widerstandsfähigkeit testet und uns tiefgehende Einblicke in unsere einzigartige Erfahrung bietet. Wir werden sehen, wie wir, indem wir die Stürme umarmen und von ihnen lernen, nicht nur Überlebende, sondern wahre Studenten des Lebens werden können. Wir werden lernen, die Adversität nicht als Fluch, sondern als verkleideten Segen zu sehen, einen Lehrer, der uns herausfordert, die beste Version von uns selbst zu sein.

DIE TRANSFORMIERENDE NATUR DER WIDRIGKEITEN

Widrigkeiten sind eine Naturkraft, die unseren Charakter und unseren Lebensweg formen kann. Es ist leicht, die Momente des Ruhms zu feiern, aber es sind die Kämpfe, die uns unsere wahre Stärke zeigen. Wenn wir Herausforderungen gegenüberstehen, sind wir gezwungen, nach innen zu schauen und unsere Überzeugungen, Werte und Ziele zu hinterfragen. In diesem Prozess wachsen wir und verändern uns.

Tiefes Selbstverständnis

Widrigkeiten sind ein gnaden- und ehrlicher Spiegel, der uns zwingt, unsere tiefsten Ängste und Unsicherheiten zu konfrontieren. In den schwierigsten Momenten, wenn wir unter Druck stehen und scheinbar unüberwindbare Herausforderungen bewältigen müssen, sind wir gezwungen, Antworten in uns selbst zu suchen. Diese Suche nach tiefem Selbstverständnis führt uns zu einem Prozess der Reflexion und Selbstreflexion, der transformierend sein kann.

Infragestellung der Identität: Widrigkeiten stellen uns oft in Frage, wer wir sind und wer wir wirklich sind. Während wir Herausforderungen meistern, sind wir gezwungen, unsere Werte, Überzeugungen und grundlegenden Prinzipien zu überprüfen. Fragen wie "Wer bin ich?" und "Was ist mir wirklich wichtig?" tauchen natürlich auf, während wir nach Antworten suchen, um mit den Schwierigkeiten umzugehen.

Klarheit über Wünsche und Ziele: In Zeiten der Widrigkeit sind wir gezwungen, über unsere Ziele und Wünsche nachzudenken. Der Druck der Herausforderungen zwingt uns, zu priorisieren, was für uns am wichtigsten ist. Was sind wir bereit, im Namen unserer Ziele zu opfern? Diese Selbstreflexion kann uns wertvolle Klarheit über unsere eigenen Wünsche und Ziele im Leben geben.

Bewältigung von Ängsten und Unsicherheiten: Widrigkeiten konfrontieren uns mit unseren Ängsten und Unsicherheiten. Es können Ängste vor dem Versagen, Angst vor dem Unbekannten oder Angst vor Ablehnung sein. Die Konfrontation mit diesen Ängsten ist ein wesentlicher Schritt auf dem Weg zum tiefen Selbstverständnis. Wenn wir unsere Ängste angehen und überwinden, werden wir authentischer in unserer Suche nach dem Sinn.

Kontinuierliche Selbstbewertung: Die Selbstbewertung wird zu einem wesentlichen Bestandteil unserer Reise inmitten der Widrigkeiten. Wir hinterfragen und bewerten ständig unsere Handlungen, Entscheidungen und Verhaltensweisen im Licht unserer Werte und Ziele. Dies ermöglicht es uns, unsere Richtung anzupassen und Entscheidungen zu treffen, die mehr mit unserem Zweck übereinstimmen, während wir mehr über uns selbst erfahren.

Akzeptanz und Selbstmitgefühl: Die Bewältigung von Widrigkeiten lehrt uns auch, Selbstmitgefühl zu praktizieren. Wenn wir mit unseren eigenen Fehlern und Unvollkommenheiten konfrontiert werden, lernen wir, uns anzunehmen und uns freundlich zu behandeln. Dies ist entscheidend für den Aufbau einer gesunden und mitfühlenden Beziehung zu uns selbst, was wiederum unsere Suche nach dem Zweck stärkt.

Tiefes Selbstverständnis ist ein kontinuierlicher Weg, der sich im Laufe des Lebens entfaltet. Widrigkeiten sind eine strenge Lehrerin, aber durch sie können wir ein tieferes Verständnis von uns selbst und unserem Zweck erreichen. Die Konfrontation mit unseren Ängsten und Unsicherheiten befähigt uns, zu wachsen und uns in Richtung eines authentischeren Lebens zu entwickeln, das im Einklang mit dem steht, was für uns wirklich wichtig ist. In dieser Suche nach Selbstverständnis finden wir die Stärke, Widrigkeiten zu überwinden und zu gedeihen.

Resilienz und Entschlossenheit

Im Netz des Lebens ist die Widrigkeit ein gemeinsamer Faden. Wir alle stehen irgendwann vor schwierigen Situationen, scheinbar unüberwindbaren Herausforderungen und Misserfolgen, die unseren eigenen Einfluss in Frage stellen. Genau in diesen Momenten treten Resilienz und Entschlossenheit, unsere größten Verbündeten, hervor und befähigen uns, Widrigkeiten zu überwinden.

Förderung der Resilienz: Resilienz ist nicht nur die Fähigkeit, Schwierigkeiten zu ertragen, sondern sich von ihnen zu erholen. Widrigkeiten sind der fruchtbare Boden, auf dem Resilienz wächst. Jeder Schlag, den wir im Leben erleben, lehrt uns, uns anzupassen, unsere Widerstandsfähigkeit zu stärken und inmitten der Stürme stärker zu werden. Auf diese Weise wird die Widrigkeit zu einem unerbittlichen Lehrer, der unsere Resilienz bei jeder überwundenen Herausforderung schmiedet.

Lernen aus dem Scheitern: Widrigkeiten führen uns oft zum Scheitern, aber das Scheitern ist eine getarnte Lektion. Jeder Sturz, jeder Fehler, gibt uns die Gelegenheit zu lernen und zu wachsen. Zu lernen, das Scheitern anzunehmen, darüber hinauszublicken und wertvolle Lektionen zu ziehen, ist ein entscheidender Aspekt der Resilienz. Die Widrigkeit bildet uns aus, unsere Fehler in Treibstoff für zukünftigen Erfolg zu verwandeln.

Stärke in der Entschlossenheit: Die Entschlossenheit ist die Kraft, die uns antreibt, voranzukommen, auch wenn der Weg voller Hindernisse ist. In der Widrigkeit wird die Entschlossenheit zu unserem Führer, erinnert uns an unsere Ziele und gibt uns den Mut, den Herausforderungen zu begegnen. Es ist diese Entschlossenheit, die uns hilft, nach jedem Fall aufzustehen und durchzuhalten, auch wenn der Weg steinig ist.

Die Bedeutung der Resilienz für den Zweck: Resilienz ist ein Schlüsselstück im Zweck-Puzzle. Der Weg, um im Einklang mit unserem Zweck zu leben, ist mit Hindernissen und Herausforderungen übersät. Resilienz ermöglicht es uns, unseren Fokus zu behalten, unsere Strategien anzupassen und trotz Widrigkeiten in Richtung unserer Vision zu beharren. Sie ist der Treibstoff, der uns auf unserem Weg voranbringt.

Grenzen überschreiten: Die Widrigkeit ist eine Einladung, unsere eigenen Grenzen zu überschreiten. Wenn wir scheinbar unüberwindbare Herausforderungen meistern, werden wir herausgefordert, über unsere Komfortzonen hinauszugehen, unbekannte Gebiete zu erkunden und unsere wahre innere Stärke zu entdecken. In diesem Prozess werden wir widerstandsfähiger und entschlossener.

Resilienz und Entschlossenheit sind wie Muskeln, die durch ständigen Gebrauch gestärkt werden. Je mehr wir Widrigkeiten mit erhobenem Kopf entgegentreten, desto mehr entwickeln wir unsere Resilienz und

Entschlossenheit. Diese Qualitäten befähigen uns nicht nur, Widrigkeiten zu überleben, sondern durch sie zu gedeihen. Auf dem Weg zu unserem Zweck sind Resilienz und Entschlossenheit die Pfeiler, die unseren Weg stützen und es uns ermöglichen, Herausforderungen zu überwinden und unsere Ziele zu erreichen, unabhängig von den Umständen.

Empathie und Mitgefühl

Der Pfad durch die Widrigkeiten ist eine Erfahrung, bei der wir nicht nur unseren eigenen Herausforderungen gegenüberstehen, sondern auch mit der Menschheit in ihren vielfältigsten Formen konfrontiert werden. In dieser Konfrontation entstehen Empathie und Mitgefühl und verändern uns von innen nach außen.

Tiefes Verständnis für den menschlichen Kampf: Widrigkeiten diskriminieren nicht. Sie berühren das Leben aller irgendwann, unabhängig davon, wer wir sind oder woher wir kommen. Wenn wir unsere eigenen Herausforderungen meistern, gewinnen wir ein tieferes Verständnis für den menschlichen Kampf. Wir erkennen, dass jeder auf seine Weise seine eigenen stillen Kämpfe führt. Diese Erkenntnis verbindet uns mit unserer geteilten Menschlichkeit.

Empathie entsteht aus Erfahrung: Empathie ist die Fähigkeit, sich in die Lage anderer zu versetzen, zu fühlen, was der andere fühlt. Widrigkeiten geben uns eine realere und tiefere Erfahrung dieses Gefühls. Wenn wir wissen, was es bedeutet zu leiden, wenn wir die Angst kennen, können wir Empathie für diejenigen empfinden, die schwierige Situationen durchmachen. Diese echte Empathie entsteht aus unserer eigenen Erfahrung mit der Widrigkeit.

Mitgefühl als Agent des Wandels: Die Widrigkeit lehrt uns, anderen die Hand zu reichen und zu helfen. Sie zeigt uns die Kraft des Mitgefühls. Wenn wir Schwierigkeiten haben, werden wir oft von der Mitgefühlsbereitschaft anderer berührt, und diese Handlung des Mitgefühls kann den Verlauf unseres Lebens verändern. Durch diese Erfahrung werden wir motiviert, anderen Mitgefühl zu zeigen, ein Leuchtfeuer der Hoffnung inmitten der Stürme des Lebens zu sein.

Die menschliche Verbindung durch Mitgefühl: Mitgefühl ist das, was uns als Menschen verbindet. Es ist der Kitt, der die Gesellschaft zusammenhält. In der Widrigkeit lernen wir, diese Verbindung zu schätzen. Die Widrigkeit lehrt uns, dass wir alle im selben Boot sitzen und durch die unsicheren Meere des Lebens navigieren. Dieses Verständnis treibt uns dazu an, uns gegenseitig die Hand zu reichen, unsere Kämpfe zu teilen und einander zu unterstützen.

Persönliche Transformation durch Mitgefühl: Die Praxis des Mitgefühls kommt nicht nur denen zugute, die es erhalten, sondern transformiert auch diejenigen, die es praktizieren. Indem wir mitfühlend sind, lernen wir, die Welt durch die Augen anderer zu sehen, mit ihrem Herzen zu fühlen. Dies erweitert unsere Perspektive und verwandelt uns in bewusstere, altruistischere und liebevollere Wesen.

Die Widrigkeit ist eine strenge Lehrerin, aber eine Lehrerin, die unbezahlbare Lektionen lehrt. Eine dieser kostbaren Lektionen ist die Bedeutung von Empathie und Mitgefühl. Es ist die Erinnerung daran, dass wir letztendlich alle Menschen sind, alle verwundbar, alle kämpfen und alle Mitgefühl und Unterstützung verdienen. Es ist eine Lektion, die uns dazu bringt, unser Leben mit einem offeneren Herzen zu leben, unsere Hände auszustrecken, um zu helfen, die Welt zu einem besseren Ort zu machen, eine Handlung des Mitgefühls nach der anderen.

HERAUSFORDERUNGEN IN CHANCEN ZUM WACHSTUM VERWANDELN

Wie wir mit Widrigkeiten umgehen, bestimmt, wie sehr wir daran wachsen. Herausforderungen können anstatt unüberwindliche Hindernisse bedeutsame Chancen für unsere persönliche Entwicklung und Evolution werden.

Lernen, sich anzupassen und innovativ zu sein

Auf der Reise des Lebens sehen wir uns mit einer vielfältigen Palette von Herausforderungen konfrontiert, einige komplexer und unvorhersehbarer als andere. Die Adversität, manchmal gnadenlos, ist eine ständige

Präsenz, die unsere Widerstandsfähigkeit und Entschlossenheit testet. Dennoch hat sie auch die Kraft, uns zu ermutigen, über den Tellerrand zu schauen, innovative Lösungen zu suchen und sich an neue Realitäten anzupassen. Die Adversität wird so zu einer Lehrerin der Kreativität und Innovation.

Kreativität in der Adversität schmieden: Wenn wir mit Widrigkeiten konfrontiert werden, werden wir gezwungen, kreativ und erfinderisch zu denken. Die Notwendigkeit, Hindernisse zu überwinden, führt uns oft zu unkonventionellen Lösungen, dazu, Probleme aus verschiedenen Blickwinkeln zu betrachten, und dazu, unsere Vorstellungskraft auf innovative Weisen einzusetzen.

Aus der Komfortzone heraustreten: Die Adversität fordert uns heraus, unsere Komfortzone zu verlassen. Was früher vertraut und sicher war, mag angesichts unerwarteter Herausforderungen nicht mehr ausreichen. Dies ermutigt uns, sich mit Unsicherheit auseinanderzusetzen und Neues auszuprobieren. Manchmal ist es notwendig, traditionelle Methoden aufzugeben und sich in unbekannte Gebiete zu wagen, um effektive Lösungen zu finden.

Kontinuierliches Lernen und Anpassen: Die Adversität entsteht oft aus unerwarteten Veränderungen in unserer Umgebung oder unserem Leben. Um sie zu überwinden, ist es entscheidend, einen Geist des kontinuierlichen Lernens aufrechtzuerhalten und sich schnell anzupassen. Dies bedeutet, bereit zu sein, unsere

Strategien und Ansätze anzupassen, wenn sich die Situation entwickelt.

Förderung von Innovation: Die Adversität kann als Testfeld für Innovation dienen. Sie fordert uns heraus, neue Ideen zu suchen, scheinbar disparate Konzepte zu kombinieren und einzigartige Lösungen für die Probleme zu finden, mit denen wir konfrontiert sind. Sie ist ein Katalysator für Kreativität in ihrer reinsten Form.

Förderung von innovativer Resilienz: Resilienz ist nicht nur die Fähigkeit zur Erholung; es ist auch die Fähigkeit zur Innovation im Erholungsprozess. Diejenigen, die widerstandsfähig und innovativ sind, erholen sich nicht nur von Rückschlägen, sondern erheben sich über sie und schaffen dabei etwas Neues und Wertvolles.

Die Adversität, wenn sie als Einladung zur Kreativität und Innovation betrachtet wird, wird zu einer Inspirationsquelle, um das Leben mit einer offenen und neugierigen Denkweise anzugehen. Sie lehrt uns, dass jede Herausforderung eine getarnte Chance ist, dass wir scheinbar unlösbare Probleme in erstaunliche Fortschritte umwandeln können und dass letztendlich unsere Fähigkeit zur Anpassung und Innovation eine unserer größten Stärken auf unserer Suche nach unserem Zweck und Erfolg ist.

Die Momente des Wachstums schätzen

Auf dem komplexen und kurvenreichen Weg des Lebens tritt die Widrigkeit als eine gnadenlose, aber einzigartige Lehrerin auf. Sie stellt uns unerwarteten Herausforderungen gegenüber, testet unsere Stärke und treibt uns über die Grenzen, die wir kannten. Doch zwischen den Dornen finden wir kostbare Blumen des Wachstums und des Lernens. Die Widrigkeit lehrt uns, jeden Moment des Überwindens und Wachsens zu schätzen und zu feiern.

Die Reise anerkennen: Die Widrigkeit macht uns bewusst, dass das Leben eine Reise ist. Sie lehrt uns, jede Etappe zu schätzen, auch die schwierigsten, denn jede trägt zu unserem persönlichen Wachstum bei und bringt uns unserem Zweck näher.

Die Erfolge, groß und klein, feiern: Die Überwindung jeder Herausforderung, ob groß oder klein, verdient Anerkennung. Jeder Schritt in Richtung Überwindung ist ein Sieg, der gefeiert werden sollte. Diese Feierlichkeiten stärken unsere Motivation und ermutigen uns, weiterhin zu persistieren.

Lernen aus der Widrigkeit: Die Widrigkeit schenkt uns wertvolle Lektionen. Jede bewältigte Herausforderung ist eine Gelegenheit, mehr über uns selbst, unsere Reaktionen auf Stress und die Strategien, die für uns funktionieren, zu erfahren. Die Wertschätzung des Gelernten bedeutet die Feier der kontinuierlichen Entwicklung.

Eine Haltung der Dankbarkeit pflegen: Die Widrigkeit lehrt uns, dankbar zu sein, auch für die Schwierigkeiten. Sie zeigt uns, dass jede bewältigte Herausforderung uns stärker, weiser und widerstandsfähiger macht. Dankbarkeit hilft uns, eine positive Perspektive zu bewahren und die positiven Aspekte zu feiern, die aus den Kämpfen hervorgehen.

Das Selbstvertrauen fördern: Jedes Mal, wenn wir eine Herausforderung meistern, wächst unser Selbstvertrauen. Die Widrigkeit hilft uns, unsere Ängste zu konfrontieren und sie zu überwinden, und zeigt uns, dass wir fähiger und widerstandsfähiger sind, als wir dachten. Die Feier dieses Wachstums stärkt unser Selbstwertgefühl und unser Vertrauen in unsere Fähigkeiten.

Motivation für die Zukunft schaffen: Die Feier des Wachstums steigert unsere Motivation, zukünftigen Herausforderungen entgegenzutreten. Die Erinnerung an vergangene Erfolge gibt uns Energie und ermutigt uns, neuen Herausforderungen mit erneuerter Entschlossenheit entgegenzutreten.

Die Widrigkeit erinnert uns daran, dass jeder Sieg, unabhängig von seiner Größe, eine Stufe auf der Leiter unserer persönlichen Entwicklung ist. Die Feier dieser Momente des Wachstums ermöglicht es uns nicht nur, zu schätzen, wie weit wir gekommen sind, sondern gibt uns auch die Energie und Leidenschaft, unseren Weg zu unserem Zweck mit erneuerter Stärke und Begeisterung weiterzugehen.

Schmerz in Stärke verwandeln

In der Unvorhersehbarkeit der Reise des Lebens begegnen uns Schmerz und Widrigkeiten oft als unerwünschte Besucher. Es sind Momente der Dunkelheit, der Unannehmlichkeiten, des Kampfes. Doch durch alchemistische Transformation ist es möglich, diesen Schmerz in eine Triebkraft für unser persönliches Wachstum und spirituelle Entwicklung zu verwandeln.

Den Schmerz als Chance erkennen: Schmerz ist eine Botschaft, ein Zeichen dafür, dass etwas in unserem Leben Beachtung braucht. Anstatt ihn zu fürchten, können wir ihn als Gelegenheit sehen, unsere Situation, unsere Denkweise und unsere Entscheidungen zu bewerten. Es ist ein Aufruf zum Handeln.

Die Realität des Schmerzes akzeptieren: Der erste Schritt, um den Schmerz in Stärke zu verwandeln, ist, ihn vollständig zu akzeptieren. Zu akzeptieren, dass Schmerz ein Teil des menschlichen Lebens ist, ist der erste Schritt, um konstruktiv damit umzugehen. Schmerz zu ignorieren kann das Leiden vertiefen; ihn zu akzeptieren hilft uns, den Transformationsprozess zu beginnen.

Den Schmerz mit Verständnis erforschen: Anstatt den Schmerz abzulehnen oder zu fliehen, können wir ihn mit Verständnis und Neugier erforschen. Fragen wie "Was kann ich aus diesem Schmerz lernen?" oder "Wie kann ich daraus wachsen?" helfen uns, seine Ursachen zu verstehen und Wege zu finden, ihn in eine positive Kraft zu verwandeln.

Den Schmerz in Widerstandsfähigkeit umwandeln: Schmerz, wenn er gut verwaltet wird, kann zu einem Katalysator werden, um emotionale Widerstandsfähigkeit zu entwickeln. Durch Reflexion, Akzeptanz und die Suche nach Lösungen stärken wir unsere Fähigkeit, künftigen Widrigkeiten widerstandsfähiger zu begegnen.

Inspiration und Empathie für andere: Indem wir schmerzhafte Erfahrungen durchleben und in persönliches Wachstum verwandeln, können wir andere inspirieren und Empathie für jene zeigen, die ähnliche Herausforderungen meistern. Unsere Überwindungsgeschichte kann als Licht am Ende des Tunnels für diejenigen dienen, die kämpfen.

Den Zweck im Schmerz finden: Manchmal leitet uns der Schmerz zu unserem wahren Zweck. Er kann uns zeigen, wo unsere Talente und Leidenschaften eingesetzt werden können, um einen bedeutenden Unterschied in der Welt zu machen. So kann der Schmerz zu einem Antrieb werden, unser wahres Potenzial zu erreichen.

Dankbarkeit für den Schmerz pflegen: Obwohl es paradox erscheinen mag, kann uns der Schmerz lehren, dankbarer für die Freuden und Lehren des Lebens zu sein. Durch den Vergleich mit schwierigen Zeiten lernen wir, die Momente des Glücks, der Liebe und des Friedens wirklich zu schätzen.

Die wahre Kunst des Lebens liegt in unserer Fähigkeit, Schmerz in Stärke zu verwandeln. Genauso wie eine Blume, die aus dem Schlamm wächst, können wir Schönheit und Stärke inmitten der herausforderndsten Situationen finden. Diese Transformation ist nicht nur persönlich, sondern kann auch als Hoffnungsschimmer für andere dienen und den Weg zu einer helleren und mitfühlenderen Zukunft weisen. Die Schlüssel sind der Glaube an die Alchemie der Widrigkeit und der Mut, diese Transformationsreise anzutreten.

Wir schließen dieses Kapitel mit einer Wahrheit ab, die sich in den Tiefen unserer Kämpfe und Herausforderungen offenbart: Die Widrigkeit ist eine weise Lehrerin, und ihre Lehren sind oft die kostbarsten. In den Momenten der Schwierigkeit finden wir nicht nur Widerstandsfähigkeit und Stärke, sondern auch Weisheit und Mitgefühl, die unsere Seele formen.

Wenn das Leben uns herausfordert, lädt es uns ein, die Kraft in uns zu suchen, die wir oft nicht zu besitzen glauben. Es sind die Momente größter Dunkelheit, in denen wir das Licht in uns entdecken, bereit, uns über die Stürme hinweg zu führen, zu einem Ort des Friedens und des Wachstums.

Denken Sie daran, jede Hürde ist eine getarnte Gelegenheit. Wie wir mit der Widrigkeit umgehen, bestimmt unsere Reise. Wir können unter dem Gewicht der Schwierigkeiten zusammenbrechen oder wir können uns erheben, indem wir die Herausforderungen in Sprungbretter verwandeln, die uns zu noch größeren

Höhen treiben. Jede Widrigkeit ist eine Gelegenheit zu wachsen, zu lernen und stärker zu werden.

Im nächsten Kapitel werden wir die Bedeutung erkunden und jeden Schritt auf dem Weg zu unserem Zweck feiern. Wir werden die Dankbarkeit für die bisherigen Schritte entdecken und das Vertrauen in den siegreichen Weg, der noch vor uns liegt. Bis dahin möge uns jede Herausforderung stärken und jede Überwindung uns inspirieren, weiterzugehen, hin zu unserer besten Version.

11

FEIER DEINEN ZWECK

Feiere deinen Weg, feiere deinen Zweck, denn jeder Schritt ist ein Grund, das Leben und seine einzigartige Bedeutung zu feiern.

Wir sind an einem entscheidenden Punkt in diesem Eintaucherlebnis angekommen: die Feier des Zwecks, der uns während all dieser Erfahrung geleitet hat. Den eigenen Zweck zu finden und danach zu leben, ist ein Privileg und ein Geschenk, das gefeiert werden sollte. Jeder Schritt in Richtung eines bedeutenden Zwecks verdient es, gefeiert zu werden.

Die Herausforderung, den Zweck zu entdecken und danach zu leben, fordert uns heraus, inspiriert uns und verwandelt uns. Doch oft vergessen wir innezuhalten und über den Weg nachzudenken, den wir zurückgelegt haben. Das Feiern deiner Erfolge und Fortschritte ist mehr als bloße Formalität; es ist eine Praxis, die die Motivation nährt, die Energie erneuert und die Gültigkeit deines Zwecks erneut bestätigt.

In diesem vorletzten Kapitel werden wir die grundlegende Bedeutung der Feier von Erfolgen im Zusammenhang mit deinem Zweck erkunden. Wir werden enthüllen, wie die Feier nicht nur eine Form der Anerkennung ist, sondern auch eine entscheidende

Komponente, um deine Flamme während deines Weges am Leben zu halten.

DIE BEDEUTUNG DER FEIER DEINES ZWECKS

Deinen Zweck zu feiern, ist nicht nur eine Feier eines persönlichen Erfolgs, sondern auch eine Anerkennung der Bedeutung und Auswirkung, die du in deinem eigenen Leben und im Leben anderer hattest. Es ist eine wohlverdiente Pause, um über den Weg nachzudenken, den du zurückgelegt hast, die Lehren, die du gelernt hast, und die Beiträge, die du geleistet hast, um deinem Zweck zu folgen.

Validierung der Reise

Die Validierung der Reise ist ein wesentlicher Akt der Anerkennung und Feier von allem, was du im Laufe deiner Suche nach dem Zweck durchgemacht und erreicht hast. Es ist ein Moment der Reflexion, der deine Widerstandsfähigkeit, Entschlossenheit und Tapferkeit validiert. Hier sind einige entscheidende Aspekte zur Validierung der Reise:

Anerkennung der zurückgelegten Etappen: Indem du deinen Zweck feierst, erkennst du jede Etappe deiner Reise an. Von den ersten unsicheren Schritten bis zu den neuesten Erfolgen hat jede Phase dazu beigetragen, dich zu formen und den Zweck zu umarmen, den du jetzt verfolgst. Es ist eine Möglichkeit, den Fortschritt und die

Entwicklung zu ehren, die im Laufe der Zeit stattgefunden haben.

Akzeptanz der Kämpfe und Herausforderungen: Die Validierung der Reise ermöglicht es dir, die Kämpfe und Herausforderungen anzunehmen und zu ehren, denen du begegnet bist. Dazu gehören Zeiten der Zweifel, Unsicherheit und sogar des Scheiterns. Diese Momente als integrale Bestandteile deiner Reise anzunehmen und anzuerkennen, stärkt dich, weiterzumachen, im Wissen, dass jeder Herausforderung eine wertvolle Lektion inne liegt.

Wachstum und Lernen: Indem du deinen Zweck feierst, feierst du auch das Wachstum und das Lernen, das du auf dem Weg erfahren hast. Jede überwundene Hürde, jede gelernte Lektion und jede gesammelte Erfahrung sind wesentliche Bestandteile, die zu deiner persönlichen Entwicklung beigetragen haben.

Dankbarkeit für die Reise: Die Validierung ist auch ein Ausdruck der Dankbarkeit für die eigene Reise. Sich für jeden Moment zu bedanken, egal ob gut oder schlecht, bedeutet zu akzeptieren, dass jeder Teil des Weges seinen Sinn hatte. Dankbarkeit für die Reise ist eine wesentliche Zutat, um eine positive und inspirierende Perspektive aufrechtzuerhalten.

Stärke für die Zukunft: Der Rückblick und die Validierung deiner Geschichte bieten eine kraftvolle Quelle der Stärke für die Zukunft. Du erkennst, dass du in der Vergangenheit Herausforderungen gemeistert hast, was dir das notwendige Vertrauen gibt, künftige Herausforderungen anzugehen. Es ist eine Erinnerung daran, dass du in der Lage bist, durchzuhalten und zu gedeihen, unabhängig von dem, was das Leben dir entgegenwirft.

Indem du deinen Zweck feierst und die gesamte Reise bis zu diesem Punkt validierst, füllst du dich mit erneuerter Energie und Entschlossenheit, um weiterzumachen. Es ist eine Feier deiner Widerstandsfähigkeit und eine Bestätigung, dass dein Zweck wertvoll und bedeutend ist. Die Validierung der Reise ist daher ein entscheidender Schritt, um die Motivation und Inspiration aufrechtzuerhalten, während du dich auf ein leben mit Zweck zubewegst.

Inspiration für die Zukunft

Die Feier deines Zwecks ist nicht nur eine Reflexion über die Vergangenheit; sie ist eine kraftvolle Quelle der Inspiration für die Zukunft. Diese Feier belebt und motiviert, indem sie einen entscheidenden Schub für kommende Schritte liefert. Hier sind Wege, wie die Feier des Zwecks die Zukunft inspiriert:

Energieerneuerung: Genauso wie das Aufladen der Energien vor einem entscheidenden Schritt, erneuert die Feier deines Zwecks deine körperliche, mentale und emotionale Energie. Dies ist entscheidend, um kommende Herausforderungen mit erneuerter Vitalität und Begeisterung anzugehen.

Reflexion über Errungenschaften: Während der Feier reflektierst du über deine bisherigen Errungenschaften. Das erinnert dich an den Fortschritt, den du gemacht hast, und die Auswirkungen, die du hattest. Diese Reflexion inspiriert Zuversicht, indem sie zeigt, dass du in der Lage bist, zukünftige Ziele zu erreichen.

Fokus auf zukünftige Ziele: Die Feier dient als Ausgangspunkt, um neue Ziele und Vorhaben zu setzen. Sie hilft dabei, deine Aufmerksamkeit auf die Ziele zu richten, die du noch nicht erreicht hast, und schafft Klarheit darüber, was du in Zukunft erreichen möchtest.

Erinnerung an den größeren Zweck: Die Feier stärkt deinen größeren Zweck. Sie erinnert dich daran, dass jede Errungenschaft zu diesem Zweck beiträgt und dass dein Weg im Einklang mit dem steht, was du liebst und schätzt. Dies inspiriert dazu, weiterhin auf bedeutende Weise zu diesem Zweck beizutragen.

Injektion von Entschlossenheit und Begeisterung: Durch die Feier deiner Errungenschaften injizierst du Entschlossenheit und Begeisterung in dein Wesen. Diese Begeisterung ist entscheidend, um neuen Herausforderungen mit Mut und Entschlossenheit zu begegnen und auf dem Pfad deines Zwecks zu bleiben.

Ständiges Lernen und Wachstum: Sich für die Zukunft inspirieren zu lassen, bedeutet auch, offen für ständiges Lernen und Wachsen zu sein. Jeder Schritt der Reise bringt wertvolle Lektionen mit sich. Sich für die Zukunft zu inspirieren bedeutet, bereit zu sein, diese Lektionen aufzunehmen und sie im nächsten Zyklus von Errungenschaften anzuwenden.

Die Feier deines Zwecks ist wie Treibstoff für deinen Sieg. Sie ist der zusätzliche Schub, den du brauchst, um neuen Chancen, Herausforderungen und Zielen zu begegnen. Sie bestätigt, dass du auf dem richtigen Weg bist und dass jeder Schritt, den du machst, lohnenswert ist. Also, feiere deine Errungenschaften, inspiriere dich für die Zukunft und gehe mit Entschlossenheit weiter, indem du deinen Zweck als deinen Kompass im Leben hältst. Die Zukunft hält großartige Errungenschaften für diejenigen bereit, die feiern und ihren Zweck weiterhin mit Leidenschaft und Hingabe verfolgen.

Anerkennung der Auswirkungen

Die Feier des Zwecks geht über eine persönliche Reflexion hinaus; es ist ein Moment, um die Auswirkungen anzuerkennen, die Sie auf die Welt hatten, indem Sie nach Ihrer Mission gelebt haben. Diese Anerkennung ist entscheidend, nicht nur um Ihre Entscheidungen zu validieren, sondern auch um Ihre kontinuierliche Verantwortung zu stärken, zu contribuieren und einen Unterschied zu machen. Wesentliche Aspekte zur Anerkennung der Auswirkungen Ihres Zwecks:

Validierung der Entscheidungen: Indem Sie Ihren Zweck feiern und die Auswirkungen anerkennen, die Sie hatten, validieren Sie Ihre Entscheidungen während dieser Erfahrung. Dies umfasst schwierige

Entscheidungen, gemachte Opfer und anhaltende Anstrengungen. Die Anerkennung erinnert daran, dass jeder Schritt bedeutend war.

Einfluss auf das Leben anderer: Durch die Anerkennung des Einflusses werden Sie sich darüber bewusst, wie Ihre Handlungen andere Menschen beeinflusst und inspiriert haben. Beachten Sie, dass Ihre Geschichte nicht nur über Sie selbst geht, sondern darum, das Leben anderer positiv zu beeinflussen und vielleicht bedeutende Veränderungen in ihren Leben zu bewirken.

Motivation zur fortgesetzten Mitwirkung: Diese Anerkennung wirkt als Ansporn, um weiterhin zum größeren Wohl beizutragen. Zu wissen, dass Ihre Handlungen eine positive Auswirkung haben, befeuert Ihre Entschlossenheit, den Weg des Zwecks zu beschreiten, auch wenn Herausforderungen auftreten.

Verbindung zum größeren Zweck: Die Anerkennung der Auswirkung stärkt Ihre Verbindung zum größeren Zweck, der Sie antreibt. Sie erkennen, dass jede Handlung, die im Einklang mit Ihrem Zweck steht, zu etwas Größerem beiträgt als Sie selbst, was die Bedeutung Ihrer Mission in der Gesellschaft unterstreicht.

Kontinuierliche Verantwortung: Neben der Validierung Ihrer Entscheidungen bringt die Anerkennung der Auswirkung eine kontinuierliche Verantwortung mit sich. Sie verstehen, dass mit zunehmender Auswirkung Ihre Verantwortung, positiv zum Welt beizutragen, ebenfalls wächst.

Inspiration für tiefere Beiträge: Die Anerkennung der Auswirkungen inspiriert Sie dazu, Möglichkeiten zur noch bedeutenderen und umfassenderen Beitrag zu erkunden. Sie kann Sie dazu bringen, Ihre Ziele und Visionen zu erweitern und eine breitere und dauerhafte Einflussnahme anzustreben.

Schaffung eines dauerhaften Erbes: Das Bewusstsein für die Auswirkung kann Ihre Sicht auf das Erbe prägen. Sie erkennen, dass Ihr Zweck in ein dauerhaftes Erbe übersetzt werden kann, indem Sie eine positive Spur hinterlassen, die für zukünftige Generationen anhält.

Ihren Zweck zu feiern und die Auswirkungen anzuerkennen, die Sie auf die Welt hatten, ist eine Einladung, über die Größe Ihres Beitrags nachzudenken und Ihr Engagement für Ihre Mission zu erneuern. Diese Anerkennung ist die Flamme, die die Leidenschaft am Leben hält und Sie antreibt weiterzumachen, wissend, dass jede Handlung, so klein sie auch sein mag, zu einer besseren Welt beiträgt.

BESONDERE MÖGLICHKEITEN, IHREN ZWECK ZU FEIERN

Die Feier Ihres Zwecks kann viele Formen annehmen, und die Wahl dessen, was zu tun ist, hängt von Ihrer Persönlichkeit, Ihren Vorlieben und der Bedeutung des Meilensteins ab, den Sie feiern möchten. Lassen Sie uns einige bedeutende Möglichkeiten erkunden, Ihren Zweck zu feiern.

Reflektieren Sie über Ihre Reise

Die Feier des Zwecks geht über greifbare Erfolge hinaus; es ist ein tiefgehendes Eintauchen in die Reise, die Sie dorthin geführt hat, wo Sie heute sind. Das Nachdenken über diese Reise ist eine kraftvolle Möglichkeit, den Zweck zu feiern, indem Sie jeden Schritt, jede Herausforderung und jeden Sieg auf dem Weg ehren. Einige wesentliche Punkte, wie Sie über Ihre Reise nachdenken und somit den Weg zu Ihrem Zweck feiern können:

Aufzeichnung der wichtigsten Erfolge: Nehmen Sie sich Zeit, um die wichtigsten Erfolge auf Ihrer Reise zum Zweck aufzuzeichnen. Diese Erfolge können von kleinen Meilensteinen bis zu großen Fortschritten reichen, und alle sind von Bedeutung. Durch das Aufschreiben und Überprüfen dieser Erfolge erkennen Sie den gemachten Fortschritt an und füllen sich mit Dankbarkeit.

Lernen und persönliches Wachstum: Neben den Erfolgen reflektieren Sie über die gewonnenen Erkenntnisse. Identifizieren Sie die wertvollen Lektionen, die Ihre Denkweise, Fähigkeiten und Ihr Verständnis des Zwecks geformt haben. Erkennen Sie an, wie diese Erkenntnisse zu Ihrem persönlichen Wachstum beigetragen haben.

Momente der Herausforderung und Überwindung von Hindernissen: Ignorieren Sie nicht die Momente der Herausforderung; sie sind ebenfalls ein integraler Bestandteil der Reise. Denken Sie über die Momente nach, in denen Sie Hindernisse und Widrigkeiten überwunden haben. Wie haben Sie sie überwunden? Welche Strategien und inneren Stärken haben Sie genutzt, um weiterzumachen?

Persönliche Transformation: Betrachten Sie, wie Sie sich auf dieser Reise zum Zweck verändert haben. Welche Aspekte Ihrer Persönlichkeit haben sich entwickelt? Wie wurden Ihre Werte und Überzeugungen gestärkt oder verändert? Nehmen Sie wahr, zu der bemerkenswerten Person geworden zu sein, die Sie jetzt sind.

Ausdruck der Dankbarkeit: Während der Reflexion drücken Sie Dankbarkeit für die Menschen, Chancen und Erfahrungen aus, die zu Ihrem Wachstum beigetragen haben. Danken Sie für jedes Element, das das Leben Ihnen gegeben hat, sei es herausfordernd oder erfüllend, um die Wertschätzung für die Reise zu stärken.

Visualisierung der Zukunft aus der aktuellen Reise: Nutzen Sie diese Reflexion, um die Zukunft zu visualisieren. Wie beeinflusst Ihre Reise bis jetzt Ihre zukünftige Vision und Ziele? Wie können Sie das Gelernte anwenden, um Ihren Zweck noch effektiver zu erreichen?

Feiern der Resilienz: Erkennen Sie Ihre Resilienz an und feiern Sie sie, wenn Sie Schwierigkeiten bewältigen und überwinden. Die Resilienz ist eine Kraft, die Ihre Geschichte prägt und als Zeugnis Ihrer Entschlossenheit und Courage gefeiert werden sollte.

Die Reflexion über Ihre Reise ist nicht nur eine rückblickende Feier; es ist eine Gelegenheit, sich tief mit sich selbst zu verbinden, Ihre Resilienz zu schätzen und Ihr Engagement für den Zweck zu erneuern. Es ist eine Feier nicht nur dessen, was erreicht wurde, sondern auch dessen, wer Sie auf diesem Weg geworden sind und wer Sie in der Zukunft sein möchten.

Teilen Sie Ihre Geschichte

Ihre Geschichte und Ihren Zweck mit anderen zu teilen, ist eine kraftvolle Handlung der Feier und Inspiration. Dieses Teilen verstärkt nicht nur die Validierung Ihres eigenen Weges, sondern hat auch das Potenzial, das Leben anderer positiv zu beeinflussen, die möglicherweise auf der Suche nach ihrem eigenen Zweck sind. Hier sind effektive Möglichkeiten, Ihre Geschichte zu teilen und so eine Inspirationsquelle für andere zu schaffen:

Blogs und inspirierende Artikel: Das Schreiben eines Blogs oder von Artikeln über Ihren Weg zum Zweck ist eine effektive Möglichkeit, Ihre Geschichte zu teilen. Sie können die Herausforderungen, denen Sie begegnet sind, die Lektionen, die Sie gelernt haben, und die Erfolge, die Sie erzielt haben, detailliert beschreiben. Auf diese Weise bieten Sie den Lesern wertvolle Einblicke und Inspiration, um ihren eigenen Zweck weiterzuverfolgen.

Vorträge und Präsentationen: Wenn Sie sich wohl fühlen, vor Publikum zu sprechen, sollten Sie erwägen, Ihre Erfahrungen und Ihren Zweck in Vorträgen und

Präsentationen zu teilen. Diese Veranstaltungen bieten Raum, um Ihre Erfahrungen auf eine engagierte und interaktive Weise zu vermitteln, die direkt auf das Publikum wirkt und sie dazu motiviert, über ihr eigenes Leben nachzudenken.

Teilnahme an Panels und Networking-Veranstaltungen: Nehmen Sie an Panels, Konferenzen oder Networking-Veranstaltungen in Ihrem Zweckbereich teil. Diese Gelegenheiten bieten die Möglichkeit, Ihre Geschichte einem interessierten und vielfältigen Publikum zu präsentieren. Ihre Erfahrungen können die Anwesenden inspirieren und positiv beeinflussen.

Soziale Netzwerke und Online-Plattformen: Nutzen Sie soziale Netzwerke und Online-Plattformen, um Einblicke und Aktualisierungen zu Ihrer Erfahrung zu teilen. Veröffentlichen Sie regelmäßig über Ihre Erfolge, Erkenntnisse und Höhen und Tiefen auf dem Weg zum Zweck. Dies feiert nicht nur Ihre Erfolge, sondern erreicht auch ein weltweites Publikum und ermöglicht so eine breitere Wirkung.

Teilnahme an Unterstützungsgruppen und Communities: Schließen Sie sich Unterstützungsgruppen oder Gemeinschaften an, die ähnliche Interessen teilen. Bringen Sie sich aktiv mit Ihrer Erfahrung und Zweckgeschichte ein. Diese Gruppen bieten eine sichere Umgebung, um Ihre Kämpfe und Siege zu teilen, und inspirieren und lassen sich von anderen inspirieren.

Bücher und spezielle Veröffentlichungen: Erwägen Sie das Schreiben eines Buches oder die Mitarbeit an einer Veröffentlichung, die Erzählungen von Menschen umfasst, die ihren Lebenszweck gefunden haben und ihm folgen. Ihre Geschichte kann als inspirierendes Kapitel dienen und so ein breites und dauerhaftes Publikum erreichen.

Persönliche Gespräche und Mentoring: Unterschätzen Sie nicht die Kraft eines persönlichen Gesprächs. Teilen Sie Ihre Erfahrung und Ihren Zweck mit Freunden, Familie und Mentoren. Diese Gespräche können wertvolle Einblicke und Perspektiven generieren und tiefere und unterstützende Verbindungen schaffen.

Ihre Geschichte zu teilen ist eine Möglichkeit, anderen Reisenden auf dieser Reise des Lebens die Hand zu reichen. Darüber hinaus, indem Sie andere inspirieren, pflegen Sie Ihre eigene Motivation und bestätigen Ihren Zweck. Ihre Geschichte kann genau der Anstoß sein, den jemand braucht, um seine eigene Suche nach dem Zweck zu beginnen oder fortzusetzen.

Mache eine bedeutungsvolle Aktivität

Das Feiern deines Zwecks beinhaltet mehr als nur eine innere Reflexion; oft geht es darum, deine Hingabe in greifbaren und wirkungsvollen Handlungen zu manifestieren. Eine kraftvolle Möglichkeit, dies zu tun, besteht darin, an bedeutungsvollen Aktivitäten teilzunehmen, die mit deiner Leidenschaft, Mission und deinem Zweck in Einklang stehen. Diese Aktivitäten bereichern nicht nur deine Reise, sondern stärken auch dein Engagement und deine Verbindung zu dem, was dir am wichtigsten ist. Hier sind Möglichkeiten, deinen Zweck durch bedeutungsvolle Aktivitäten zu feiern:

Freiwilligenarbeit für Ursachen, an die du glaubst: Widme deine Zeit dem freiwilligen Engagement für Organisationen, deren Missionen mit deinem Zweck übereinstimmen. Ob im Bereich Bildung, Gesundheit, Umwelt oder einer anderen Sache, die Freiwilligenarbeit ermöglicht es dir, direkt zu einer besseren Welt beizutragen, und stärkt dein Vertrauen und Engagement für deinen Zweck.

Veranstalte Veranstaltungen oder Workshops: Organisiere Veranstaltungen, Workshops oder Seminare im Zusammenhang mit deinem Zweckbereich. Teile dein Wissen und deine Erfahrungen mit anderen Interessierten, inspiriere sie und schaffe Raum für den Austausch von Ideen und Erkenntnissen. Dies feiert nicht nur deinen Zweck, sondern beeinflusst und inspiriert auch die Teilnehmer.

Teilnahme an Impact-Projekten: Engagiere dich in Projekten, die eine positive Wirkung auf deine Gemeinschaft oder eine bestimmte Gruppe von Menschen haben. Es kann ein Bildungsprojekt, humanitäre Hilfe, Sensibilisierung für soziale Themen oder ähnliches sein. Die aktive Beteiligung an diesen Projekten ist eine greifbare Möglichkeit, deinen Zweck zu feiern.

Kreative Ausdrucksform: Nutze deine Kreativität, um deinen Zweck zu feiern. Male, schreibe, mache Musik oder betreibe jede Art von Kunst, die die Essenz deines Zwecks ausdrückt. Der kreative Ausdruck ist eine kraftvolle Möglichkeit, tief mit deinem Zweck zu verbinden und ihn inspirierend mit anderen zu teilen.

Pilgerreise zu bedeutsamen Orten: Mach eine Reise zu einem Ort, der für dich und deine Zweckreise von Bedeutung ist. Es könnte der Ort sein, an dem du eine Offenbarung über deinen Zweck hattest oder ein Ort, der deine Aspirationen symbolisiert. Das Eintauchen in diese Umgebung kann eine transformative und feierliche Erfahrung sein.

Selbstfürsorge- und Wohlfahrtstätigkeiten: Nimm dir Zeit für Aktivitäten, die deine Seele und deinen Körper nähren. Dies könnte Yoga, Meditation, Spaziergänge in der Natur oder jede Praxis umfassen, die dir hilft, dich wieder mit dir selbst und deinem Zweck zu verbinden. Sich um sich selbst zu kümmern, ist eine vitale Art, den Weg zu feiern, den du bisher gegangen bist.

Teilnahme an Networking-Veranstaltungen: Nimm an Networking-Veranstaltungen teil, die Menschen mit ähnlichen Interessen zusammenbringen. Diese Treffen können neue Perspektiven, Verbindungen und Kooperationsmöglichkeiten bieten und somit das Netzwerk feiern, das du im Zusammenhang mit deinem Zweck aufbaust.

Indem du Aktivitäten wählst, die tief mit deinem Zweck resonieren, stärkst du deine Verbindung dazu und bestätigst dein Engagement, nach dem zu leben, was dir am wichtigsten ist. Es ist eine Möglichkeit, sich mit der Essenz deines Zwecks wieder zu verbinden und die Reise zu feiern, die dich bis hierher gebracht hat.

Erkenne deinen Fortschritt mit Dankbarkeit an

Das Feiern deines Zwecks ist mehr als nur eine Feier erreichter Meilensteine. Es ist ein tiefes Eintauchen in die Überwindungsreise, eine dankbare Anerkennung jeden Schrittes, egal wie klein oder groß. Eine kraftvolle und transformative Möglichkeit, deine Reise zu feiern und anzuerkennen, besteht darin, regelmäßig Dankbarkeit zu praktizieren. Dankbarkeit feiert nicht nur deine Erfolge, sondern pflegt auch deine Denkweise und Einstellung zum Leben. Hier sind Möglichkeiten, deinen Fortschritt mit Dankbarkeit anzuerkennen:

Dankbarkeitstagebuch: Nimm dir täglich Zeit, um in dein Dankbarkeitstagebuch zu schreiben. Notiere mindestens drei Dinge im Zusammenhang mit deiner Zweckreise, für die du an diesem Tag dankbar bist. Es kann eine neue Verbindung sein, die du geknüpft hast, eine Herausforderung, die du gemeistert hast, oder sogar eine kleine Selbstentdeckung.

Wöchentliches Reflexionsritual: Etabliere ein wöchentliches Ritual, um über die Fortschritte und Erkenntnisse der Woche nachzudenken. Durch diese wöchentliche Reflexion erkennst du den Fortschritt in

Richtung deines Zwecks an und drückst Dankbarkeit für jeden getanen Schritt aus. Dies hilft dabei, eine positive und freudige Sichtweise auf deinen Weg aufrechtzuerhalten.

Bedeutungsvolle Momente der Dankbarkeit: Schaffe bedeutungsvolle Dankbarkeitsmomente bei wichtigen Meilensteinen. Dies kann beim Erreichen eines bestimmten Ziels, beim Feiern eines mit deinem Zweck verbundenen Jubiläums oder nach Bewältigung einer bedeutenden Herausforderung sein. Nimm dir Zeit, um für jeden abgeschlossenen Schritt zu danken.

Ausdruck von Dankbarkeit gegenüber wichtigen Menschen: Erkenne an und drücke Dankbarkeit gegenüber den Menschen aus, die dich auf deiner Zweckreise unterstützt und inspiriert haben. Es kann ein Mentor, ein Freund, ein Familienmitglied oder sogar ein Kollege sein. Gehe einen Schritt weiter und teile mit ihnen die positive Auswirkung, die sie in deinem Leben haben oder hatten.

Visualisierung des Fortschritts mit Dankbarkeit: Übe die kreative Visualisierung deines Fortschritts bis jetzt und fühle dabei eine tiefe Dankbarkeit für jeden Erfolg und jede überwundene Herausforderung. Dies schafft eine kraftvolle emotionale Verbindung zu deinem Weg und eine liebevolle Anerkennung deiner selbst.

Dankbarkeitsmomente in der täglichen Routine: Integriere Dankbarkeitsmomente in deine tägliche Routine. Zum Beispiel, bedanke dich vor einer Mahlzeit oder vor dem Schlafengehen und reflektiere über die Momente des Tages, für die du dankbar bist. Diese einfachen, aber bedeutsamen Momente helfen dabei, einen positiven emotionalen Zustand aufrechtzuerhalten.

Teilen von Dankbarkeit in sozialen Medien: Teile deine Ausdrücke der Dankbarkeit in sozialen Medien und inspiriere andere, dasselbe zu tun. Es kann eine Möglichkeit sein, Positivität zu verbreiten und eine Kultur der Dankbarkeit in deiner Gemeinschaft zu fördern.

Die Praxis der Dankbarkeit ist eine Möglichkeit, die Geschichte anzuerkennen und zu feiern, die dich bis zum gegenwärtigen Moment geführt hat. Es ist eine Handlung der Selbstliebe und Wertschätzung für den Weg, die Erfahrungen und den erreichten Fortschritt. Jeder Moment der Dankbarkeit ist eine Feier des Lebens und des Zwecks, den du lebst.

DIE FLAMME AM LEBEN ERHALTEN

Die Feier deines Zwecks ist ein wesentlicher Teil, um die Flamme des Zwecks lebendig und lebendig zu halten. Es ist eine Pause, die deine Energien auflädt, deine Erfahrungen validiert und deine Inspiration für die Zukunft nährt. Bedenke, dass die Feier kein isoliertes Ereignis sein sollte, sondern eine kontinuierliche Praxis. Hier sind Praktiken, die dabei helfen können:

Regelmäßige Reflexion über deinen Zweck

Reflektiere regelmäßig über deinen Zweck. Frage dich, ob deine Handlungen mit deinen Werten und deiner Lebensmission im Einklang stehen. Die kontinuierliche Reflexion hilft dabei, den Zweck immer lebendig in deinem Geist zu halten.

Pflege Gewohnheiten, die deinen Zweck unterstützen

Etabliere tägliche Gewohnheiten, die mit deinem Zweck im Einklang stehen. Wenn dein Zweck darin besteht, anderen zu helfen, integriere tägliche Praktiken des freiwilligen Engagements oder Handlungen, die zum Wohl anderer beitragen.

Schaffe ein unterstützendes und inspirierendes Umfeld

Umgib dich mit Menschen, die deine Werte und deinen Zweck teilen. Ein unterstützendes und inspirierendes Umfeld zu haben, hilft dabei, deine Flamme am Leben zu erhalten und bietet Ermutigung in schwierigen Zeiten.

Bleibe neugierig und offen für neue Möglichkeiten

Bleibe neugierig und offen für neue Erfahrungen und Erkenntnisse. Manchmal kann sich der Zweck im Laufe der Zeit entwickeln, wenn du wächst und mehr über dich selbst und die Welt erfährst. Sei bereit, dich anzupassen und zu entwickeln.

Indem du deine Erfolge während deiner Reise zum Zweck feierst, säst du Samen der Dankbarkeit und Stärke. Jede Feier erinnert dich daran, dass du auf dem richtigen Weg bist, dass jede überwundene Hürde ein Sieg ist und dass du einen Unterschied in der Welt machst. Unterschätze nicht die Kraft der Feier – sie stärkt deine Motivation und inspiriert andere, in deine Fußstapfen zu treten.

Im nächsten und letzten Kapitel werden wir tief in die Kunst des Teilens des Zwecks eintauchen. Den Zweck zu verbreiten, ist wie das Werfen von Steinen in einen See, und erzeugt Wellen, die weit über den ursprünglichen Aufprallpunkt hinausreichen. Du wirst entdecken, wie das Teilen deiner Reise des Zwecks inspirieren, motivieren und eine Welle positiver Veränderungen in der Gesellschaft schaffen kann.

Lasst uns gemeinsam den Zweck verbreiten.

12

ZWECK VERBREITEN

Wie ein Samenkorn im Wind, verbreite deinen Zweck in die Welt. Jede inspirierte Handlung hinterlässt ein dauerhaftes Erbe im Herzen der Menschheit.

Willkommen im letzten Kapitel dieser bereichernden und transformierenden Erfahrung auf der Suche nach dem Zweck. Während dieser Reise hast du die Tiefen deiner Seele erforscht, deine Ängste und Sehnsüchte gelüftet, deine Erfolge gefeiert und vor allem den Zweck entdeckt, der in dir pulsiert. Nun ist der Höhepunkt erreicht, wo du zum Botschafter und Katalysator des umarmten Zwecks wirst.

Dieses letzte Kapitel stellt eine Einladung dar, über die Grenzen deiner eigenen Reise hinauszugehen und eine unauslöschliche Spur in der Geschichte anderer Menschen zu hinterlassen. Es ist ein Aufruf zum Teilen, Inspirieren und Beitrag leisten zu einer Welt, die sich nach Zweck, Bedeutung und Verbindung sehnt.

DIE REISE ÜBER SICH SELBST HINAUS: EIN AUFRUF ZUM KOLLEKTIVEN EINFLUSS

Es ist an der Zeit zu verstehen, dass unser Zweck über eine innerpersönliche Reise hinausgeht; er ist ein vitaler Bestandteil des sozialen Gefüges. Die Bedeutung, unseren Zweck zu teilen, geht über seine Erfüllung hinaus. Es geht darum, einen Dominoeffekt der Transformation zu schaffen, bei dem jede Person, die von unserer Erzählung berührt wird, zu einem Funken wird und das Feuer des Zwecks in anderen Herzen entfacht.

Zweck als Brücke zur menschlichen Verbindung

Das Teilen unseres Zwecks ermöglicht es uns, authentisch und sinnvoll mit anderen in Kontakt zu treten. Unsere Zweckgeschichten verbinden Menschen mit ähnlichen Erfahrungen und Zielen und schaffen ein Netzwerk menschlicher Verbindungen, das den sozialen Zusammenhalt stärkt. Indem wir unsere Reisen teilen, öffnen wir Türen für Partnerschaften, Zusammenarbeit und gegenseitige Unterstützung.

Veränderung und Handlung inspirieren

Wenn wir unseren Zweck teilen, inspirieren wir andere dazu, über ihr eigenes Leben und ihre Mission nachzudenken. Unsere Geschichten können als Katalysatoren für Veränderungen und positive Aktionen dienen. Sie haben die Kraft, Entscheidungen zu beeinflussen, kritisches Denken anzuregen und andere dazu zu motivieren, einen Unterschied in ihren Gemeinschaften und in der Welt zu machen.

Den Einfluss verstärken

Jede Person, die von unserer Reise und unserem Zweck beeinflusst wird, kann zu einem Multiplikator unserer Botschaft werden. Indem sie das, was sie von uns gelernt haben, teilen, wird der Einfluss verstärkt und erreicht ein größeres und vielfältigeres Publikum. So beschränkt sich unser Einfluss nicht nur auf unseren unmittelbaren Kreis, sondern erstreckt sich auf Bereiche und Gruppen, die wir sonst nicht erreichen würden.

Förderung einer Zweckkultur

Das Teilen unseres Zwecks trägt zur Schaffung einer Kultur bei, in der jeder ermutigt wird, seinen Zweck zu entdecken und danach zu leben. Diese Kultur, basierend auf Authentizität und gegenseitigem Respekt, verbreitet sich in Organisationen, Gemeinschaften und sogar Gesellschaften und schafft eine Umgebung, die förderlich ist für persönliche Erfüllung und kollektiven Fortschritt.

Herausforderung des Status Quo

Indem wir unsere Zweckgeschichten teilen, fordern wir die gängigen Normen und Erwartungen heraus. Wir zeigen, dass es möglich ist, ein Leben im Einklang mit unseren Werten zu führen, auch wenn das bedeutet, einen nicht traditionellen Weg einzuschlagen. Dies kann eine Änderung der Denkweise und eine Neubewertung der

Prioritäten für diejenigen inspirieren, die nach Bedeutung in ihrem eigenen Leben suchen.

Die bleibende Flamme

Das Teilen unseres Zwecks schafft ein dauerhaftes Erbe. Selbst wenn unsere individuelle Reise zu Ende geht, wird der Einfluss unseres Zwecks in den Leben, die wir berührt haben, weiterleben. Die Flamme des Zwecks, die wir in anderen Herzen entzündet haben, wird weiterbrennen und zukünftige Generationen inspirieren, ihrem eigenen Ruf zu folgen und für eine mitfühlendere und bewusstere Welt zu arbeiten.

Indem wir unseren Zweck teilen, gehen wir über die Grenzen des "Ich" hinaus und werden Teil von etwas Größerem. Unsere Zweckreise handelt nicht nur von uns selbst; es geht darum, wie wir die Gesellschaft und die Welt um uns herum formen und beeinflussen. Es ist ein Aufruf zum Teilen, Inspirieren und Verbreiten des Lichts, das wir auf unserer Suche nach dem Zweck gefunden haben, um die Wege anderer zu erleuchten und gemeinsam einen kollektiven Einfluss zu erzeugen.

NEUE WEGE EBNEN UND ZUKÜNFTIGE GENERATIONEN INSPIRIEREN

Dein Zweck zu verbreiten ist nicht nur ein Ausdruck deiner eigenen Geschichte und Erfolge; es ist eine Geste der Großzügigkeit und Liebe zur Menschlichkeit. Indem du deine Geschichte teilst, wirst du ein Leuchtfeuer für diejenigen, die nach dir kommen. Es geht darum, Wege zu ebnen, Türen zu öffnen und sicherzustellen, dass die kommenden Generationen Zugang zu einem Erbe aus Weisheit, Leidenschaft und Entschlossenheit haben.

Die inspirierende Rolle von Vorbildern

Wenn du deine Reise des Zwecks teilst, wirst du zu einem Vorbild. Du bist lebender Beweis dafür, dass es möglich ist, ein authentisches und bedeutungsvolles Leben zu führen. Die zukünftigen Generationen betrachten deinen Weg und finden Inspiration, ihren eigenen Leidenschaften zu folgen und sie mit einem höheren Zweck in Einklang zu bringen.

Bereitstellung von Anleitung und Ratschlägen

Indem du deinen Zweck verbreitest, bietest du wertvolle Anleitung für die Jüngeren, die ihre eigenen Geschichten beginnen. Dein Wissen und deine Erfahrung können als Leitfaden dienen und ihnen helfen, häufige Fallstricke zu vermeiden und informierte Entscheidungen zu treffen, während sie ihren eigenen Zwecken nachgehen.

Förderung der persönlichen Entdeckung

Das Teilen deiner Geschichte und deines Zwecks kann als ein Samen im Geist der zukünftigen Generationen dienen und sie dazu ermutigen, über ihre eigenen Hoffnungen und Lebensziele nachzudenken. Du ermutigst sie, zu erforschen, zu hinterfragen und herauszufinden, was wirklich wichtig für sie ist, und ermutigst Authentizität sowie die Suche nach einem einzigartigen Weg.

Aufbau einer unterstützenden Gemeinschaft

Durch das Teilen deiner Lebenserfahrungen trägst du zur Schaffung einer unterstützenden Gemeinschaft bei, in der Menschen mit ähnlichen Zielen und Werten sich vernetzen und zusammenarbeiten können. Dies bietet ein wertvolles Netzwerk der Unterstützung, das den Austausch von Ideen, die Zusammenarbeit und das kollektive Wachstum in Richtung des Zwecks fördert.

Förderung von Resilienz bei zukünftigen Generationen

Durch das Teilen von Herausforderungen und Hindernissen, die du auf deiner Reise des Zwecks erlebt hast, zeigst du, dass Resilienz entscheidend ist, um Schwierigkeiten zu überwinden. Dies stärkt die Denkweise der zukünftigen Generationen und befähigt sie, Herausforderungen mit Entschlossenheit anzugehen, von ihnen zu lernen und trotz Rückschlägen weiterhin ihrem Zweck nachzugehen.

Den Aufbau einer besseren Zukunft

Das Teilen deines Zwecks trägt zur Gestaltung einer vielversprechenderen und bewussteren Zukunft bei. Indem du die zukünftigen Generationen inspirierst und anleitest, hilfst du dabei, Führungspersönlichkeiten, Innovatoren und Veränderungsagenten zu formen, die darauf abzielen, einen positiven Einfluss auf die Gesellschaft und die Welt zu haben.

Deinen Zweck zu verbreiten geht nicht nur darum, ein persönliches Erbe zu hinterlassen; es geht darum, ein kollektives Erbe des Zwecks und der Bedeutung zu schaffen. Es geht darum, wie die zukünftigen Generationen ihre eigenen Leben angehen und welchen Einfluss sie auf die Welt um sie herum haben werden. Indem du neue Wege ebnest und Türen öffnest, trägst du zu einer Zukunft bei, in der die Suche nach Zweck geschätzt wird und in der jeder einzelne inspiriert wird, ein Leben im Einklang mit seiner wahren Essenz zu führen.

DIE KOLLEKTIVE AUSWIRKUNG DES LEBENS NACH UNSEREN INDIVIDUELLEN ZWECKEN

Nach unseren individuellen Zwecken zu leben, ist nicht nur eine persönliche Erfahrung; es ist ein Weg, der eine kraftvolle Auswirkung auf unsere Gemeinschaft und die Welt im Allgemeinen haben kann. Wenn jeder Einzelne seinem Lebenszweck folgt, entsteht ein Dominoeffekt des Wandels und Fortschritts, der über die Grenzen des Selbst hinausgeht und die Gesellschaft insgesamt transformiert. Lassen Sie uns mehr über die kollektive Auswirkung des Lebens im Einklang mit unseren individuellen Zwecken erkunden:

Inspiration und Motivation anderer

Nach seinem individuellen Zweck zu leben, dient als Inspiration für andere, die auf der Suche nach ihrem eigenen sind. Ihre Entschlossenheit, Leidenschaft und Erfolg bei der Verfolgung ihres Zwecks können andere motivieren, auch ihre Träume zu verwirklichen und herauszufinden, was sie wirklich glücklich macht.

Schaffung einer Zweckgemeinschaft

Wenn mehrere Menschen nach ihren individuellen Zwecken leben, entsteht eine zusammenhängende und vernetzte Gemeinschaft. Diese Gemeinschaft teilt ähnliche Werte und arbeitet zusammen, um eine unterstützende Umgebung und gegenseitiges Wachstum zu schaffen. Die Zusammenarbeit zwischen Individuen mit ausgerichteten Zwecken verstärkt die kollektive Auswirkung.

Transformation der Arbeitsumgebung

Individuen, die nach ihrem Zweck leben, suchen oft nach Karrieren und Arbeitsplätzen, die mit ihren Leidenschaften und Werten in Einklang stehen. Dies kann zu engagierteren und produktiveren Organisationen führen, in denen Mitarbeiter Bedeutung und Zufriedenheit in ihrer täglichen Arbeit finden, was wiederum einen positiven Einfluss auf die Arbeitsumgebung und die Unternehmensergebnisse hat.

Förderung des sozialen Wandels

Wenn eine bedeutende Anzahl von Menschen nach ihrem Zweck lebt, kann man Veränderungen in den sozialen Strukturen und Normen beobachten. Diese Menschen setzen sich oft für Anliegen ein, die ihnen am Herzen liegen, und fördern soziale Gerechtigkeit, Gleichheit, Nachhaltigkeit und andere notwendige Veränderungen für eine gerechtere und bewusstere Gesellschaft.

Einfluss auf Politik und Entscheidungsfindung

Individuen, die mit Zweck leben, streben oft danach, aktiv an Politik und Gemeinschaftsentscheidungen teilzunehmen. Indem sie ihre Stimmen erheben und ihre Energien einsetzen, um Politik und Entscheidungsfindung zu beeinflussen, können sie bedeutende Veränderungen vorantreiben, die ihre Werte und Lebensziele widerspiegeln.

Förderung einer bewussteren Welt

Indem sie nach ihrem Zweck leben, übernehmen Menschen oft bewusstere und nachhaltigere Lebensstile. Dies äußert sich in täglichen Entscheidungen, die mehr im Einklang mit dem Respekt für die Umwelt, sozialer Verantwortung und Empathie stehen und somit zum Aufbau einer bewussteren und ausgewogeneren Welt beitragen.

Nach unserem individuellen Zweck zu leben, geht nicht nur um uns selbst; es geht darum, eine dauerhaft positive Wirkung auf das Leben der Menschen um uns herum und die Gesellschaft im Allgemeinen zu schaffen. Indem wir unseren Zweck umarmen und teilen, werden wir zu Agenten des Wandels und tragen zu einer besseren Welt bei.

VERSTÄRKTE REICHWEITE: DAS DIGITALE ZEITALTER UND DIE GLOBALISIERUNG DES ZWECKS

Wir leben in einer Ära, in der globale Vernetzung Realität ist. Dieses Kapitel untersucht auch, wie Technologie die Reichweite Ihres Zwecks verstärken kann, indem sie ihm ermöglicht, geografische und kulturelle Grenzen zu überschreiten. Es geht darum, die globale Plattform zu nutzen, um Botschaften der Hoffnung, Liebe und des Zwecks zu verbreiten.

Bereiten Sie sich darauf vor, nicht nur die Kraft zu erkunden, Ihren Zweck zu teilen, sondern auch die Verantwortung, die damit einhergeht. Sie können bleibende Spuren im Leben der Menschen hinterlassen, Gemeinschaften inspirieren und zu einer mitfühlenderen Gesellschaft beitragen, die im Einklang mit ihrem Zweck steht.

Das digitale Zeitalter und seine Auswirkungen

Die digitale Technologie hat die Art und Weise, wie wir mit der Welt kommunizieren und interagieren, radikal verändert. In diesem Kontext bietet das digitale Zeitalter beispiellose Möglichkeiten für diejenigen, die ihren Zweck teilen möchten. Über soziale Netzwerke, Blogs, Podcasts und Videoplattformen kann jeder seine Geschichte und Vision mit einem globalen Publikum in Sekundenschnelle teilen. Das bedeutet, dass Ihr Zweck nicht durch geografische Barrieren begrenzt ist; er kann Menschen auf der ganzen Welt erreichen.

Die Bedeutung der globalen Vernetzung

Die Globalisierung des Zwecks geht über die Fähigkeit hinaus, ein größeres Publikum zu erreichen. Es geht darum, bedeutsame Verbindungen zu Menschen aus verschiedenen Kulturen, Hintergründen und Perspektiven herzustellen. Diese Verbindungen können Ihr eigenes Verständnis des Zwecks bereichern, Ihren Horizont erweitern und zur Zusammenarbeit an Projekten anregen, die weltweit positive Auswirkungen haben.

Verbreitung von Botschaften der Hoffnung und Liebe

In diesem Zusammenhang kann Ihr Zweck als Botschaft der Hoffnung und Liebe für eine oft chaotische Welt dienen. Soziale Netzwerke und andere Plattformen ermöglichen es Ihnen, inspirierende Geschichten, motivierende Botschaften und positive Aktionen zu teilen, die Menschen auf der ganzen Welt inspirieren und vereinen können. Darüber hinaus ermöglicht die Globalisierung des Zwecks, dass Sie sich aktiv an humanitären und sozialen Anliegen auf internationaler Ebene beteiligen und so zu einer besseren Welt beitragen können.

Bewusstsein über Auswirkungen und Verantwortung

Es ist jedoch wichtig zu bedenken, dass mit großer Reichweite auch große Verantwortung einhergeht. Die Globalisierung des Zwecks erfordert ein tiefes Bewusstsein für die Auswirkungen, die Ihre Worte und Taten auf ein vielfältiges Publikum haben können. Es ist entscheidend, verantwortungsbewusst zu handeln, verschiedene Kulturen und Perspektiven zu respektieren und sicherzustellen, dass Ihre Botschaften inklusiv und positiv sind.

Zusammenarbeit und globale Mobilisierung

Neben dem Teilen Ihres eigenen Zwecks bietet die Globalisierung auch Möglichkeiten zur Zusammenarbeit mit anderen Einzelpersonen und Organisationen, die ähnliche Ziele teilen. Durch globale Partnerschaften und Zusammenarbeit können Ressourcen und Anstrengungen mobilisiert werden, um globale Herausforderungen wie den Klimawandel, soziale Ungleichheiten und humanitäre Krisen anzugehen.

Herausforderungen des digitalen Zeitalters

Obwohl das digitale Zeitalter viele Vorteile für die Globalisierung des Zwecks bringt, birgt es auch Herausforderungen wie die Verbreitung von Fehlinformationen und Datenschutzprobleme. Es ist entscheidend, in dieser digitalen Umgebung mit Einsicht und Ethik zu navigieren und sicherzustellen, dass Ihr Zweck authentisch und vertrauenswürdig kommuniziert wird.

Die Verantwortung, eine positive Botschaft zu verbreiten

Als Agent des globalen Wandels tragen Sie die Verantwortung, eine positive und inspirierende Botschaft zu verbreiten. Indem Sie dies tun, verstärken Sie nicht nur die Reichweite Ihres Zwecks, sondern tragen auch dazu bei, eine stärker vernetzte, mitfühlendere und bewusstere Welt aufzubauen.

Wir sind am Ende dieser Reise auf der Suche nach einem Lebenszweck angelangt, aber es ist wichtig zu bedenken, dass wir uns eigentlich am Anfang von etwas Großartigem befinden. Das Teilen Ihres Zwecks, wie in diesem Kapitel besprochen, ist das Pflanzen eines Samens des Wandels. Es ist das Anzünden einer Kerze, die den Weg für andere beleuchtet und sie ermutigt, ihre eigenen Entdeckungsreisen zu gehen und Erfüllung zu finden.

Der Zweck, den Sie leben, gehört nicht nur Ihnen; er ist ein wertvolles Stück im Mosaik der Menschheit. Jede geteilte Geschichte, jede geteilte Erfahrung ist ein Beitrag zu unserer Welt, der das Verständnis, das Mitgefühl und die Empathie erweitert. Indem wir die kollektive Auswirkung feiern, wenn wir im Einklang mit unseren individuellen Zwecken leben, bauen wir ein vernetztes Netzwerk von Erfolgen und Inspirationen auf.

Heute werden Sie nicht nur ein Suchender nach Zweck, sondern auch ein Botschafter. Ihr Zweck ist jetzt eine Erzählung, die Leben berühren, Köpfe öffnen und die Zukunft gestalten kann. Es ist ein Aufruf, nicht nur Ihre Geschichte, sondern auch Ihr Herz, Ihre Leidenschaft und Ihren Zweck mit der Welt zu teilen.

Unterschätzen Sie niemals den Wert und die Kraft Ihrer Geschichte.

FAZIT

In "Was ist mein Zweck?" erkunden wir die tiefgreifende Suche nach dem Zweck, eine Frage, die in unseren Köpfen und Herzen widerhallt. Wir durchqueren die Windungen der Selbstkenntnis, stellen uns Ängsten und Herausforderungen, schätzen bedeutungsvolle Verbindungen und lernen aus Widrigkeiten. Nun sind wir am Ende dieser literarischen Erfahrung, aber die Suche nach dem Zweck ist eine fortlaufende innerliche Reise.

Unseren Zweck zu entdecken, ist wie das Finden des letzten Teils eines Puzzles, das unser Leben ist. Es ist zu verstehen, warum wir existieren, unsere Rolle auf der großen Bühne des Universums. Es ist eine Suche, die uns herausfordert, tief in uns selbst zu schauen, unsere Leidenschaften zu erkunden und unsere Werte zu hinterfragen.

Der Zweck ist nicht nur ein Ziel, sondern ein Leitfaden für unseren Weg. Nach unserem Zweck zu leben, bringt uns nicht nur persönliche Erfüllung, sondern lädt uns auch ein, zu etwas Größerem als wir selbst beizutragen. Es ist ein Aufruf zum kollektiven Einfluss, bei dem unsere Suche andere inspiriert, ihren eigenen Zweck zu entdecken.

Jede Handlung, egal wie klein, hinterlässt eine Wirkung auf die Welt. Unseren Zweck zu entdecken und zu leben, ist der Weg, um sicherzustellen, dass diese Wirkung positiv und bedeutend ist. Es ist ein Engagement für den Aufbau eines Erbes aus Liebe, Wachstum und Mitgefühl, das durch die Generationen hindurch widerhallen wird.

Obwohl dieses Buch zu Ende gehen mag, ist Ihre Reise zum Zweck bei weitem nicht abgeschlossen. Das Leben ist ein ständiger Entwicklungsprozess, und Ihr Zweck kann sich ändern, während Sie wachsen und sich entwickeln. Machen Sie weiterhin Erfahrungen, lernen Sie dazu, passen Sie sich an und teilen Sie Ihre Geschichten von Niederlagen und Erfolgen mit anderen.

Denken Sie daran, dass die Antwort auf 'Was ist mein Zweck?' bereits in Ihnen liegt. Es ist die Leidenschaft, die Ihr Herz entflammt, die Vision, die Ihre Handlungen lenkt, und die Liebe, die Sie mit der Welt teilen. Sie sind die Verkörperung Ihres Zwecks, und Ihr Leben ist die Geschichte, die Sie schreiben.

Möge Ihre Reise inspirierend sein, Ihre Suche lohnend und Ihr Leben erfüllt mit Zweck.

Mit Dankbarkeit,

Leonardo Tavares

ÜBER DEN AUTOR

Leonardo Tavares trägt nicht nur die Last des Lebens, sondern auch die Weisheit, die er erlangt hat, indem er den Stürmen begegnete, die es mit sich brachte. Als Witwer und engagierter Vater einer bezaubernden Tochter namens Manuela hat er verstanden, dass die Reise des Daseins voller Höhen und Tiefen ist, eine Symphonie von Momenten, die unsere Essenz formen.

Mit einer Lebendigkeit, die seine Jugend übertrifft, hat Leonardo furchtbare Herausforderungen gemeistert, schwierige Phasen durchlebt und dunkle Tage durchstanden. Auch wenn der Schmerz sein Begleiter auf seinem Weg war, hat er diese Erfahrungen in Stufen verwandelt, die ihn an einen Ort der Gelassenheit und Widerstandsfähigkeit geführt haben.

Als Autor bemerkenswerter Selbsthilfewerke wie die inspirierenden Bücher "Angst-AG", "Die Trennung überwinden", "Kampf gegen Depressionen", "Heilung emotionaler Abhängigkeit", "Burnout besiegen", "Mit dem Scheitern konfrontiert", "Finden Sie die Liebe Ihres Lebens" und "Trauer überleben" fand er im Schreiben das Medium, um seine Lebenslektionen zu teilen und die Stärke weiterzugeben, die er in sich entdeckt hat. Durch seine klare und präzise Schreibweise hilft Leonardo seinen Lesern, in Momenten tiefer Traurigkeit Kraft, Mut und Hoffnung zu finden.

Helfen Sie anderen Menschen, indem Sie dieses Werk teilen.

LITERATUR

Collins, Jim. Finding Your Purpose: How to Discover Your Unique Contribution to the World. New York, NY: HarperCollins, 2011.

Duhigg, Charles. The Power of Habit. New York, NY: Random House, 2012.

Frankl, Viktor E. Man's Search for Meaning. Boston, MA: Beacon Press, 1946.

Frankl, Viktor E. "The Need for Meaning in Life." Journal of Existentialism 15, no. 1 (1984): 5-15.

Ferriss, Timothy. The 4-Hour Workweek. New York, NY: Random House, 2007.

Keyes, Corey L. M. The Psychology of Purpose. American Psychologist 67, no. 8 (2012): 716-27.

Keyes, Corey L. M., Laura Shmotkin e Martin E. P. Seligman. "The Role of Purpose in Life in Positive Psychology: Toward a More Complete Understanding of Human Flourishing." The American Psychologist 57, no. 1 (2002): 127-38.

Peck, M. Scott. The Road Less Traveled. New York, NY: Touchstone, 1978.

Rubin, Gretchen. The Happiness Project. HarperCollins, 2009.

Seligman, Martin E. P., Mihaly Csikszentmihalyi e Christopher Peterson. "Purpose in Life: The Psychological Science of Meaningful Existence." American Psychologist 66, no. 4 (2011): 181-91.

Steger, Michael F., Laura Frazier, Todd Oishi, Lindsay Kaler e Michael Turiano. "The Relation of Purpose in Life to Psychological Well-Being: A Meta-Analysis." Journal of Personality and Social Psychology 91, no. 4 (2006): 1082-1097.

Steger, Michael F., Todd B. Kashdan e Todd Oishi. "Meaning in Life: A Review of the Literature." Psychological Bulletin 134, no. 6 (2008): 181-216.

Steger, Michael F., Laura Frazier, Todd Oishi e Lindsay Kaler. "The Role of Purpose in Life in Well-Being: A Theoretical and Empirical Review." Journal of Personality and Social Psychology 91, no. 4 (2006): 1182-1196.

Tolle, Eckhart. The Power of Now. New York, NY: New World Library, 1997.

Warren, Rick. The Purpose Driven Life. Grand Rapids, MI: Zondervan, 2002.

Wong, Paul T. P. "The Meaning of Life and Why It Matters." American Psychologist 67, no. 8 (2012): 733-48.

LEONARDO TAVARES

Was ist
mein Zweck?

www.ingramcontent.com/pod-product-compliance
Lightning Source LLC
LaVergne TN
LVHW041814060526
838201LV00046B/1266